돌이켜 회개하라

규장 컨버전 북스(Kyujang Conversion Books)

말씀과 성령 없는 교회만큼 두려운 것은 '회개conversion 없는 구원'이다. 오늘 우리에게는 값싼 은혜, 싸구려 복음이 난무하고 있다. '안일한 믿음주의'easy believism가 회개 없는 기계적 입술의 영접만으로 신앙을 오염시키고 있다. 예수님의 공생애 첫 성은 "회개하라 천국이 가까웠다" 마 4:17 였으며, 교회를 태동시킨 오순절 베드로의 첫 설교도 "회개하라" 행 2:38였다. 교회는 회개한 자들의 모임이어야 한다. 회개한 자들의 모임에 하나님나라 천국가 임한다. 회개한 자들을 통해 세상에 하나님나라의 능력을 보여주는 것이 하나님의 계획이다. 오늘 한국 그리스도인들에게 기독교의 능력 중의 능력인 회개를 회복시키기 위해 가장 보석 같은 회개의 고전古典만을 엄선하여 '규장 컨버전 북스' 총 7권 예정을 발간한다.

Originally published in English under the title of
AN ALARM TO THE UNCONVERTED

Copyright ⓒ 2002 by Jay P. Green, Sr.

Published by Sovereign Grace Publishers, Inc.,
Lafayette, IN 47905, U.S.A.

All rights reserved.

Korean Translation Copyright ⓒ 2008 by Kyujang Publishing Company

본 저작물의 한국어판 저작권은 Sovereign Grace 출판사와의 독점계약으로 규장이 소유합니다.
저작권법에 의하여 한국 내에서 보호를 받는 저작물이므로 무단 전재와 무단 복제를 금합니다.

돌이켜
회개하라

조셉 얼라인 지음 이용복 옮김

규장

| 한국어판 편집자의 글 |

회개하고 돌이켜
죄 없이함을 받으라!

카라바조(1573~1610), 〈마태를 부르심〉

회개에 대한 책은 잉크로 쓰지 않고 눈물로 쓰는 것이다. 자기 자신이 심장에서 터져 나오는 통곡의 회개를 한 자만이 남에게 회개하라고 할 수 있다. '죄인 괴수에게 넘치는 사랑'(딤전 1:15)에 압도되어 한없는 눈물을 뿌려본 자만이 회개를 촉구할 수 있다. 전도자 D. L. 무디도 지옥에 대한 설교를 눈물을 뿌리지 않고는 할 수 없었다고 한다. 눈물의 회개를 한 자만이 눈물의 회개를 외칠 수 있다.

오늘 우리의 현실은 어떤가? 자신도 회개하지 않으면서 남에게만 회개하라고 하니 아무도 회개하지 않는 것이다. 그보다 더 큰 문제는 '생명 얻는 회개'(행 11:18)를 전혀 해보지 않은 자들이 교인으로 등록하고, 직분자가 되고 교회 지도자가 되는 경우가 많다는 것이다. 교회가 회개한 자들의 모임이 아닌 회개하지 않은 자들의 모임이 될까 심히 두렵다. 교회가 회개한 자들의 모임이 되면 그 교회에 하나님나라가 임한다. 왜냐하면 "회개하라 천국(하나님나라)이 가까웠느니라"(마 4:17)라고 예수님이 말씀하셨기 때문이다. 그러므로 회개한 교회는 하나님나라를 체험할 것이요, 회개하지 않은 교회는 세상나라, 곧 짐승의 나라(약육강식의 나라)를 체험할 것이다.

이 책은 청교도 설교자 조셉 얼라인의 영혼을 사랑하는 뜨거운 눈물의 절절한 호소와 천둥과 같은 회개의 촉구로 유명한 '회개 저서의 금자탑'인 《An Alarm to the Unconverted》를 현대적 감각의 유려한 우리말로 번역하고 새롭게 편집하여 내놓은 것이다. 이 책은 리처드 백스터의 《회개했는가》(규장 역간)와 기독교 역사상 '회개에 대한 쌍두마차 격인 저서'로 평가되고 있다. 리처드 백스터의 책이 죄인들의 정서를 뒤흔들어 회개하지 않고 못 배기게 만드는 집요함이 있다면, 조셉 얼라인의 책은 회개하지 않는 죄인들에게 강력한 경고를 발할 뿐만 아니라 어떻게 회개해야 하고, 무엇을 회개해야 하는지를 좀 더 구체적으로 보여준다.

심령에 거룩한 습기를 간직한 사람

회개는 아무나 촉구할 수 없다. 자신이 먼저 구원에 이르는 회개를 하고, 경건한 삶에 힘쓰는 가운데 지옥으로 떨어져가는 영혼들에 대한 눈물, 곧 거룩한 습기를 심장에 품은 자들만이 담대히 회개를 외칠 수 있다. 조셉 얼라인이 바로 그런 사람이었다. 그는 젊은 목회자로서 목회를 시작할 때부터 불신자 심방을 최우선으로 하며 영혼 구원에 힘썼던 자이다. 무엇보다 먼저 자기 자신을 하나님으로 흠뻑 적신 다음에야 하루를 시작하는 경건한 전도자였다. 자신을 하나님으로 채운 다음 하나님의 긍휼을 품고 구령救靈의 현장에 섰던 것이다.

그 사람이 정말 경건한 사람인지 아닌지는 한 이불을 덮고 자는 그의 아내가 가장 정확히 알 수 있다. 얼라인의 아내인 테오도시아가 남긴 남편에 대한 회고담을 보자.

　"남편은 새벽 4시 혹은 그 전에 일어났고, 주일에는 평소보다 더 일찍 일어났다. 그가 하나님의 일을 시작하기 전에 대장장이나 구두수선공이 먼저 일어나 일하는 소리가 들리면 그는 매우 근심했다. 이런 일이 있으면 그는 '저 사람들이 나보다 먼저 일어나 일하는 소리가 들리면 나는 참으로 부끄럽소. 그들이 자신들의 주인에게 충성하는 것보다 내가 주께 충성하는 것이 당연하지 않소?'라고 말하곤 했다. 그는 새벽 4시부터 아침 8시까지 기도하고 묵상하고 찬송가를 불렀다."

　얼라인은 매일 새벽 그 심령을 하나님의 거룩한 불로 데웠고 그 다음 회개의 검劍을 휘두를 때 죄인들의 혼과 영과 및 관절과 골수를 찔러 쪼갤 수가 있었다. 그의 날카로운 회개의 촉구를 들어보라.

　"이 세상에서 가장 미친 사람은 회개하지 않으면서 아무 가책이나 감각 없이 그대로 살아가는 완고한 죄인이다. 대포 구멍에 머리를 집어넣고 자신의 생명을 담보로 장난하면서 야단법석을 떨다가 목숨을 잃는 사람보다 더 미련하고 미친 사람은 죄 가운데 계속 머무는 사람이다. 죄와 이혼하지 않으면 그리스도와 결혼할 수 없다. 당신 속의 반역자를 내쫓지 않으면 하늘과 화해할 수 없다. 들릴라의 무릎을 베고 눕지 말라. 죄와 결별하든지 영혼을 잃어버리든지 양자택일하라."

이런 비수와 같은 말씀을 대할 때에 사람(성도)들은 오순절 베드로의 설교를 들은 사람들처럼 "어찌할꼬!" 하고 탄식할 수밖에 없었다.

위대한 전도자들의 텍스트북

이 책에는 얼라인의 뜨거운 회개의 메시지가 고스란히 담겨 있어서 청교도 복음전도의 참된 모범을 엿볼 수 있다. 내용을 전달하는 표현법이 세대마다 다를 수 있고, 재능도 개인마다 다를 수 있지만, 이 책에는 진정한 복음전파를 위한 원칙이 담겨 있다고 단언할 수 있다. 얼라인의 가르침에 따라 자신의 복음전도관을 정립한 신앙의 인물들이 많다.

조지 휫필드는 이미 옥스퍼드 대학생 시절 자신의 일기에 "얼라인의 《돌이켜 회개하라》가 내게 많은 유익을 주었다"라고 적었다. 찰스 스펄전은 "내가 어릴 적에 주일 저녁이면 어머니께서 얼라인의 책을 우리에게 읽어주시곤 했다. 그리고 내가 죄인임을 깨달았을 때 나는 이 오래된 책을 찾게 되었다"라고 말했다. 스펄전은 "내가 아침에 일어나서 가장 먼저 집어든 책이 얼라인의 책과 백스터의 책이었다. 아, 그 책들! 나는 그 책들을 읽었다. 말 그대로 탐독했다"라고 덧붙였다.

이렇게 그의 마음이 청교도의 경건으로 불탔기 때문에 그가 얼라인과 휫필드의 뒤를 이을 수 있었던 것이다.

  이 책은 1671년에 처음 출간되었고 그 이래 개정판이 무수히 나왔다. 1702년 칼라미 박사는 "얼라인의 이 책 때문에 하나님께 감사하게 될 사람들이 모래알처럼 많아질 것이다. 성경을 제외한다면, (그 시대 당시) 영어로 출판된 책들 중에서 이 책이 가장 많이 보급되었을 것이다. 그 당시 1쇄에 3만 권씩 팔리기도 했다"라고 썼다.

  이 책이 세월의 풍화작용에도 살아남아 회개에 대한 고전 중의 고전으로 널리 읽히고, 21세기까지 그리스도인들에게 영적 영향력을 끼치는 까닭은 경건한 삶을 바탕으로 한 구령의 열정과 무엇보다도 그의 가르침이 하나님의 말씀, 곧 복음에 주추를 튼튼히 두었기 때문일 것이다.

> 그러므로 모든 육체는 풀과 같고 그 모든 영광이 풀의 꽃과 같으니 풀은 마르고 꽃은 떨어지되 오직 주의 말씀은 세세토록 있도다 하였으니 너희에게 전한 복음이 곧 이 말씀이니라 벧전 1:24,25

규장 편집국장 김응국 목사

| 프롤로그 |

하나님께 속히 돌아오라!

사랑하는 자여, 나는 당신에게 빚진 자임을 기꺼이 인정한다. 나는 하나님 집의 선한 청지기로서 모든 사람에게 각각의 몫을 챙겨주기를 간절히 원한다. 의사는 치료하기 힘든 중병에 걸린 환자에게 가장 관심을 쏟는 법이고, 아버지는 죽어가는 자식에게 가장 연민을 느끼는 법이다. 영적인 일도 마찬가지다. 우리는 회개하지 못한 영혼들에게 연민의 정을 더 느껴야 한다. 그리고 불속에서 타고 있는 나무를 꺼내듯 그들을 죄악에서 건져내기 위해 즉시 행동에 나서야 한다(유 23절). 그래서 나는 바로 이런 사람들에게 집중하려고 한다.

그런데 어디에서부터 시작해야 할까? 무슨 말을 해야 그들을 불속에서 구해낼 수 있을까? 그 방법을 안다면 얼마나 좋을까? 그 방법을 알 수만 있다면 그들에게 눈물로 글을 쓰면서 한 문장 한 문장 호소할 것이다. 내 피를 잉크 삼아서라도 글을 쓰겠다. 무릎 꿇고 애원하겠다. 그들이 내 말을 듣고 회개하여 하나님께 돌아온다면 그보다 감사한 일이 또 어디에 있겠는가?

내가 달음질하는 이유

최근 몇 년 동안 나는, 회개하지 않는 자를 하나님께 인도하기 위해 기도하고 연구했다. 이제 회개를 거부하는 자를 진심으로 하나님께 인도하고 싶다. 내가 얼마나 더 애원해야 돌이키겠는가?

"오, 주님! 저는 이 일을 감당하기에 너무나 부족합니다. 제가 무엇으로 리워야단(사 27:1)의 비늘을 뚫고, 무엇으로 얼음장처럼 차가운 심령을 녹일 수 있겠습니까? 제가 무덤에 찾아가서 그가 듣고 순종하여 무덤에서 나오게 만들어야 합니까? 바위에게 연설해야 합니까? 산에게 열변을 토해야 합니까? 논리로 그를 설득하여 마음을 움직이게 만들어야 합니까? 앞을 못 보는 사람을 보게 만들어야 합니까? 앞을 못 보는 사람의 눈을 뜨게 했다는 말은 창세 이래 듣지 못했습니다(요 9:32). 그러나 주님, 주님은 죄인의 마음속으로 뚫고 들어가실 수 있습니다. 저는 어림잡아 활을 쏘지만 주님은 갑옷의 이음매 사이로 화살이 꽂히게 하실 수 있습니다. 이 책을 읽는 죄인의 죄를 멸하고 그의 영혼을 구원하소서! 아멘."

중생重生의 좁은 길을 통과하지 않고서는 그 누구도 천국에 이를 수 없다. 거룩함 없이는 누구도 하나님을 볼 수 없다(히 12:14). 그러므로 이제 당신을 주께 바쳐라. 그분을 찾겠다고 결단하라. 주 예수님을 당신의 마음에, 당신의 집에 모셔라. '그 아들'에게 입 맞추라(시 2:12). 주님의 긍휼의 품에 안겨 그분의 홀笏을 붙들어 생명을 얻어라.

왜 죽으려고 하는가? 지금 나를 위해 당신에게 이렇게 간청하는 것이 아니다. 나는 당신이 행복해지기를 원할 뿐이다. 당신이 행복해지는 것이 내가 얻으려고 달음질하는 상賞이다. 당신을 향한 내 영혼의 간절한 소망과 기도는 당신이 구원받는 것이다(롬 10:1).

영혼을 낚는 어부

나는 마음을 열고 당신의 깊은 고민에 대해 허심탄회하게 이야기하고 싶다. 나는 당신에게 유식한 말을 하려고 변사辯士를 흉내 내지도 않을 것이고, 당신의 환심을 사려고 달콤한 말을 늘어놓지도 않을 것이다. 다만 당신이 죄를 깨닫고 회개하도록 도와 당신을 구원하라는 중대한 사명을 감당하려는 것이다. 미사여구를 미끼로 당신의 칭찬을 얻으려는 것이 아니라 당신의 영혼을 낚으려는 것이다. 내 사명은 당신을 기쁘게 하는 데 있지 않고, 당신을 구원하는 데 있다. 그래서 당신의 변덕스럽고 잡다한 생각을 바꾸려는 것이 아니라 당신의 마음을 바꾸려고 하는 것이다.

만일 내가 당신의 마음을 얻지 못한다면 나는 아무것도 얻지 못하는 것이다. 애당초 당신의 귀를 즐겁게 하려고 마음먹었다면 다른 노래를 준비했을 것이고, 내 자신에게 설교하려는 것이라면 이 방법이 아닌 다른 방법을 택했을 것이다. 그랬다면 나는 좀 더 부드러운 이야기를 가지고 당신 앞에 나타났을 것이고, 당신에게 팔베개를 해주면서 편한 이야기를 들려주었을 것이다. 만일 미가야가 아합 왕에게 항상 길한 일을 예언했다면 아합 왕이 그를 미워하지 않았을 것이다(왕상 22:8).

그러나 명심하라. 여러 가지 고운 말로 혹하게 하고 입술의 호리는 말로 꾀어 필경 화살이 간을 꿰뚫는 것 같은 창녀의 말보다 당장은 마음에 상처를 주는 친구의 말이 훨씬 낫다(잠 6:26, 7:21-23).

만일 우는 아기를 달래려고 한다면 아기에게 기분 좋은 노래를 들려주거나 살살 다독여 재우면 될 것이다. 하지만 만일 이 아기가 불속에 떨어졌다면 나는 다른 방법을 쓸 것이다. 아기의 울음을 그치게 하려고 노래를 들려주거나 과자를 던져주는 어리석은 짓 따위는 하지 않을 것이다!

당신을 회개하게 하려는 내 노력이 실패로 끝난다면 당신은 지옥을 면할 수 없다. 당신이 자리에서 일어나 하나님께 나아가겠다는 결심을 이끌어내려는 내 시도가 물거품이 된다면, 당신은 영원히 멸망할 것이다. 회개가 없으면 구원도 없다! 당신에게는 내 말에 따르거나 영원히 비참한 상태에 머무르는 양자택일만 있을 뿐이다. 그런데 나는 또 다른 문제에 봉착한다.

"오, 주님! 제가 쓸 돌들을 시내에서 골라주십시오. 저는 만군의 여호와의 이름, 곧 이스라엘 군대의 하나님의 이름으로 나아갑니다(삼상 17:40,45). 어리지만 골리앗을 대적하여 나아갔던 다윗처럼 저는 앞으로 전진합니다. 그러나 저는 혈血과 육肉에 대항하여 싸우지 않고 정사와 권세와 이 어둠의 세상 주관자들에 맞서 싸웁니다(엡 6:12).

오늘 블레셋 족속을 치소서. 갑옷과 투구로 무장한 자를 멸하시고, 그들에게 사로잡힌 자들을 풀어주소서. 오, 주여! 제가 할 말을 골라주소서. 제가 사용할 무기를 골라주소서. 제가 자루에 손을 넣어 돌을 꺼내 투석기로 날려 보낼 때 그것이 표적에 정확히 맞게 하소서. 그 돌이 완전히 박히게 하소서. 그러나 이마에 박히지 않고 회개하지 않은 죄인의 마음에 박혀서 다소의 사울처럼 땅에 엎드러지게 하소서(행 9:4)."

무엇이 회개인가?

혹시 당신은 내가 말하는 회개가 무엇인지 모를 수도 있을 것이다. 그런 당신에게 회개하라고 하면 나는 헛수고를 하는 셈이니 회개에 대해 알려주겠다.

당신은 전혀 변하지 않았으면서도 하나님의 긍휼을 은근히 기대하고 있을 수도 있으니 회개를 해야 하는 이유에 대해서도 설명하겠다.

혹시 당신이 이미 회개했다는 헛된 자만에 빠져 마음의 문을 굳게 닫고 있지는 않은가? 그렇다면 당신에게 회개하지 않은 자의 특징이 무엇인지 보여주겠다. 또한 당신이 아무런 영적 갈등을 느끼지 않아 아무것도 두려워하지 않고 마치 배의 돛대 꼭대기에서 잠을 자는 것 같은 상태에 빠져 있을 수도 있다. 이럴 경우에 대비하여 나는 회개하지 않은 자들의 비참함에 대해 이야기하겠다.

지금 당신은 빠져나갈 길이 전혀 보이지 않아서 미동도 없이 가만히 앉아 있을 수도 있다. 그래서 어떻게 회개해야 하는지에 대해서도 설명해주겠다. 끝으로 모든 사람들을 소생시키기 위해 회개의 동기에 대해서도 말하겠다.

조셉 얼라인

한국어판 편집자의 글
프롤로그

CHAPTER 01
　　가짜 회개에 속지 말라 ─ 18

CHAPTER 02
　　이것이 회개이다 ─ 30

CHAPTER 03
　　당신은 생명 얻는 회개를 한 적이 있는가? ─ 72

CHAPTER 04
　　회개하지 않은 자는 어떤 죄를 짓는가? ─ 104

차례

CHAPTER 05
회개하지 않으면 하나님의 불 같은 진노가 임한다 ― 126

CHAPTER 06
회개하지 않는 자를 위한 생명의 지침 ― 160

CHAPTER 07
바로 지금 돌이켜 **회개**하라 ― 210

CHAPTER 08
보라, 지금은 **은혜** 받을 만한 때다! ― 232

CHAPTER 01

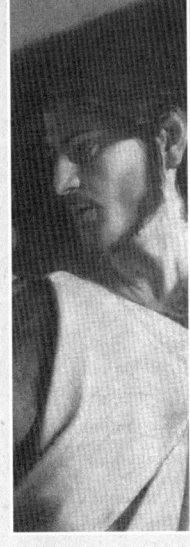

가짜 회개에 속지 말라

당신은 도대체 무엇을 의지하는가?
기독교의 핵심 교리를 아는 것, 교양 있고 예의 바른 것, 종교적 의무를 수행하는 것,
죄 때문에 양심의 가책을 느끼는 것을 의지하는가?

사탄은 가짜 회개를 많이 만들어놓고 이 사람은 이 방법으로, 저 사람은 저 방법으로 속인다. 교묘한 속임수를 사용하는 데 아주 능수능란해서 하나님께 선택받은 자들까지도 속이려고 호시탐탐 기회를 노리고 있다. 그러므로 나는 회개하지 않았는데도 자신이 회개했다고 믿는 사람들의 치명적인 오해를 바로잡아주고, 실제로는 회개했는데도 자신이 회개하지 못했다고 믿는 사람들의 두려움과 고통을 없애주기 위해 무엇이 회개이고 무엇이 아닌지를 보여주려고 한다. 먼저 회개가 아닌 것에 대해 이야기하겠다.

기독교를 믿는다는 고백이 회개는 아니다

단지 이름뿐인 것은 기독교가 아니다. 바울의 말을 빌리자면, 기독교는 말에 있지 않고 능력에 있다(고전 4:20). 이교도異敎徒이기를 거부하고 기독교 신앙을 공언하기만 하면 회개한 것이라고 믿고 싶어 하는 사람들이 있다. 그러나 이런 것이 진정한 회개라면, 사데교회나 라오디게아교회 사람들을 가장 훌륭한 그리스도인으로 여겨야 할 것이다. 신앙고백으로만 말하자면 그들은 모두 그리스도인들이었고, 그들에게는 '살았다 하는 이름'(계 3:1)이 있었다. 그러나 그들에게는 단지 이름만 있었기 때문에 주 예수님은 그들을 책망하셨고, 그들을 토하여 내칠 수도 있다고 경고하셨다(계 3:14-16). 많은 사람들이 주 예수님의 이름을 부르면서도 불의不義에서 떠나지 않고(딤후 2:19), 말로는 하나님을 안다고 고백하면서도 행위로는 그분을 부인한다(딛 1:16).

하나님께서 이런 사람들을 회개한 사람으로 여기실까? 죄에서 돌이켜 회개했다고 하면서도 여전히 죄 안에 사는 것이 정말 회개한 것일까? 결코 그렇지 않다. 그것은 명백한 모순이다. 신앙고백이라는 등燈으로 회개가 입증되는 것이라면 어리석은 처녀들이 쫓겨나는 일은 없었을 것이다(마 25:11,12). 믿는다고 고백하는 그리스도인들뿐만 아니라 그리스도를 전한 설교자들이나 기적을 행한 자들도 악을 행하기 때문에 쫓겨날 것이다(마 7:22,23).

세례를 받았다고 해서 회개한 것은 아니다

아나니아와 삽비라 그리고 마술사 시몬도 다른 사람들처럼 세례를 받았다. '세례' 때문에 많은 사람들이 속기도 하고 속이기도 한다. 많은 사람들이 외형적 세례의식洗禮儀式이 구원에 필요한 은혜를 주기 때문에 세례를 받으면 누구나 실제로도 거듭난다고 착각한다. 이런 사람들은 세례받을 때 거듭났으므로 더 이상 아무 일도 할 필요가 없다고 생각한다.

그들의 생각이 옳다면, 세례받은 사람은 누구나 구원을 얻어야 할 것이다. 회개하고 중생重生한 자에게 죄사함과 구원이 약속되어 있기 때문이다(행 3:19 ; 마 19:28). 회개와 세례가 동일한 것이라면, 이 세상을 떠날 때 세례 증서만 챙기는 사람이 지혜로운 사람일 것이다. 천사들이 그 증서만 있으면 천국문을 열어줄 것이기 때문이다.

그러나 세례받는 것이 곧 회개이고 중생이라는 주장은, 마태복음 7장 13,14절을 비롯한 수많은 성경의 가르침과 어긋난다. 이런 주장이 옳다면 우리는 "생명으로 인도하는 문은 좁고 길이 협착하여"(마 7:14)라고 말할 필요가 없을 것이다. 세례받은 사람 누구나 구원을 받는다면 구원의 문은 아주 넓을 것이기 때문이다. 우리는 앞으로 "생명으로 인도하는 문과 길은 넓다"라고 말해야 할 것이다.

세례받은 사람이면 누구나 구원받는다면 무수한 사람들이 열列을 지어 구원의 문으로 들어갈 것이다. "의인이 겨우 구원을 받으니 천국을 침노하고 그 안으로 들어가기 위해 힘써야 한다"라고 가르칠 필요 또한 없을 것이다(벧전 4:18 ; 마 11:12 ; 눅 13:24).

많은 사람들의 생각처럼 구원의 문이 그토록 넓다면, 세례를 받고 "주여, 저를 불쌍히 여기소서"라고 소리치면 누구나 구원을 받게 될 것이다. 구원받기 위해 찾고 두드리고 분투하라는 성경의 교훈을 따를 필요가 없을 것이다. 우리는 "구원받는 사람이 아주 적다"라고 말하지 말고 "구원받지 못하는 사람이 아주 적다"라고 말해야 할 것이다.

구원의 문이 그토록 넓다면, "청함을 받은 자는 많되 택함을 입은 자는 적으니라"(마 22:14)라고 말해서는 안 될 것이다. 또한 "믿는다고 고백하는 자들 중에서도 오직 남은 자만 구원받을 것이다"라고 가르쳐서는 안 될 것이다(롬 9:27).

우리는 예수님의 제자들처럼 "누가 구원을 얻을 수 있으리이까"(마 19:25)라고 묻지 말고 "누가 구원을 얻지 못하리이까"라고 물어야 할 것이다. 구원의 문이 그토록 넓다면, 간음하는 자나 악담하는 자나 탐욕스러운 자나 술고래도 세례만 받으면 하나님의 나라를 유업遺業으로 받을 것이다(고전 5:11, 6:9,10 참조).

혹자는 "이런 사람들은 비록 세례받을 때 중생의 은혜를 받았지만 그 후 타락했기 때문에 다시 중생해야 한다. 그렇지 않으면 구원받을 수 없다"라고 말한다. 이런 잘못된 주장을 하는 사람이 있다면 나는 다음과 같이 반론하겠다.

앞에서 언급했듯이 중생과 구원 사이에는 아주 밀접한 관계가 있다. 하지만 사람이 두 번 중생한다는 것은 논리적으로 불합리하다. 사람이 육체적으로 두 번 태어날 수 없듯이 영적靈的으로도 두 번 태어나는 것은 불가능하다.

이런 두 가지 사실을 고려할 때, 사람이 세례를 받을 때 무엇을 받았거나 받은 척 할지라도 그 후 진리에 대해 무지無知하거나 불경스러운 언행을 일삼거나 형식적인 종교생활을 한다면 그는 반드시 거듭나야 한다(요 3:7). 그렇지 않으면 하나님나라에 들어갈 수 없다. "나는 세례를 받았으므로 중생한 사람이다"라는 논리를 붙드는 것 외에 다른 아무것도 없는 사람은 하늘나라에 들어갈 수 없다.

그러므로 세례 때 무엇을 받았든 간에 이후의 삶이 거룩하지 못하다면 그는 철저한 변화를 통해 확실히 새로워져야 한다. 그렇지 않으면 지옥의 판결을 피할 수 없다.

> 스스로 속이지 말라 하나님은 만홀慢忽히 여김을 받지 아니하시나니 갈 6:7

당신이 세례를 받은 사실이나 다른 어떤 것을 내세울지라도 살아 계신 하나님의 관점에서 말해야 한다. 만일 당신이 기도하지 않고 마땅히 존경해야 할 것을 비웃거나 악한 사람들과 어울린다면(잠 13:20) 당신은 구원받을 수 없다. 당신이 거룩하고, 참되고, 자신을 부인하는 그리스도인이 아니라면 구원받을 수 없다(히 12:14 ; 마 15:14).

도덕적 의가 회개는 아니다

도덕적 의義는 서기관과 바리새인의 의를 넘어서지 못하기 때문에 우리를 하나님나라로 인도할 수 없다(마 5:20). 회심回心하기 전에 바울은 율법의 의로는 흠이 없었다(빌 3:6). 바리새인들은 "나는 다른 사람들 곧 토색, 불의, 간음을 하는 자들과 같지 아니하고"(눅 18:11)라고 말할 정도로 도덕적 의가 뛰어났다.

그러나 당신에게는 그들의 의보다 뛰어난 의가 있어야 한다. 그렇지 않으면 당신 자신을 아무리 정당화할지라도 하나님께서는 당신을 정죄定罪하실 것이다. 물론 도덕성을 부정하는 것이 아니라 다만 거기에 안주하지 말라고 경고하는 것이다. 기독교가 박애를 포함하고 은혜가 이성理性을 포함하듯이 경건은 도덕성을 포함한다. 기독교와 박애를, 은혜와 이성을 분리하면 안 되듯이 경건과 도덕성을 분리해서는 안 된다.

형식적으로 경건의 규율을 지키는 것이 회개는 아니다

경건의 능력이 없으면서도 경건의 모양만을 나타내는 일이 실제로 일어날 수 있다(딤후 3:5). 오랜 시간 기도하고(눅 20:47) 자주 금식하고(눅 18:12) 기꺼이 듣고(막 6:20) 비싼 대가를 치르며 하나님을 섬기지만(사 1:11) 사실은 회개하지 않은 사람들이 있다.

이런 사람들은 교회에 다니고 구제 헌금을 하고 기도하는 것 외에 그 이상을 보여줘야 자신들이 정말 회개한 사람임을 입증할 수 있다. 그들은 경건의 능력 없이 겉모습만으로 봉사할 수도 있다. 위선자들도 자신들의 모든 소유를 바쳐 구제하고 자신들의 몸을 불사르게 내어주기까지 겉으로는 봉사할 수 있다(고전 13:3).

교육, 법, 가혹한 억제를 통해 타락에 빠지지 않게 하는 것이 회개는 아니다

교육의 열매를 은혜와 혼동하는 일은 흔히 일어난다. 우리도 이런 실수를 범하기 쉽다. 그러나 교육으로 충분하다면 아마 요아스 왕만큼 훌륭한 사람도 없을 것이다. 요아스는 대제사장 여호야다가 살아 있을 동안에는 하나님을 섬기는 일에 매우 열심이었다. 심지어 여호야다를 불러 여호와의 전殿을 수리하라고 시킬 정도였다(왕하 12:2,7). 그러나 요아스가 한 일은 전부 교육의 결과일 뿐이었다. 그의 훌륭한 선생이 사라지자 그는 마치 사슬에서 풀린 늑대처럼 변해버렸고 결국 우상숭배에 빠졌다.

한 번 비췸을 얻는 것, 죄책감을 느끼는 것, 피상적 변화, 부분적 개혁이 회개는 아니다

한 번 비췸을 얻은 사람도 배교背敎할 수 있으며(히 6:4-6), 총독 벨릭스처럼 양심의 가책을 느끼면서 떨 수도 있다(행 24:25). 또 진리를 접했을 때의 헤롯처럼 여러 가지 반응을 보일 수도 있다(막 6:20). 그러나 단지 죄책감을 느끼며 죄에 대해 경각심을 갖는다고 해서 회개의 은혜로 죄를 십자가에 못 박은 것은 아니다.

자신의 죄 때문에 양심의 가책을 느껴본 사람들 중 대다수는 죄의 깨달음이 회개라고 생각하면서 자신을 위로한다. 그러나 양심의 가책이 곧 회개라면 아벨을 죽인 가인도 회개한 사람으로 간주되어야 할 것이다. 건축과 세상일에 몰두하여 죄책감을 잊을 때까지는 그도 극도의 죄책감에 시달리면서 미친 듯이 온 세상을 헤맸기 때문이다.

또 어떤 사람들은 방탕한 삶을 청산하고 악한 친구들을 멀리하고 욕망을 극복하고 근신하면서 예의 바른 생활을 한다고 해서 자신이 회개했다고 착각한다. 그러나 그들은 거룩하게 되는 것과 단지 예의 바른 것의 엄청난 차이를 알지 못한 것이다. 그들은 많은 사람들이 하나님나라에 들어가기를 원하면서 기독교를 거의 받아들일 뻔했지만 결국에는 들어가지 못한다는 사실을 알지 못한다. 양심의 채찍이 춤출 때에는 기도하고 설교 듣고 말씀을 읽고 죄를 멀리하지만, 양심의 사자獅子가 잠들면 아내 죄에 빠진다.

유대인들은 하나님의 손길이 미치는 동안에는 경건했지만 고난의 시기가 끝나기 무섭게 하나님을 잊었다. 문제가 되는 특정한 죄를 끊고 세상의 상스럽고 불결한 것들을 버렸지만 육욕적 본성이 변하지 못한 사람들이 많다.

물론 납을 녹여서 예쁜 식물이나 동물, 심지어 사람의 모양을 만들 수 있다. 하지만 그것은 어디까지나 납일 뿐이다. 사람 역시 다양한 변화를 겪을 수 있다. 무지한 사람에서 지식 있는 사람으로, 불경스러운 말을 내뱉는 사람에서 점잖고 경건의 모양이 있는 사람으로 변할 수 있다. 하지만 그가 여전히 중생하지 못해 본성이 변하지 않았다면 계속 육욕적일 수밖에 없다.

지금, 돌이켜라!

죄인이여, 내 말을 들어라! 살려거든 들어라! 당신은 왜 제멋대로 스스로를 속이는가? 어찌하여 모래 위에 지은 집에 당신의 소망을 두는가? 나의 직언이 당신의 거짓된 소망을 산산이 깨뜨릴 거라는 것을 잘 안다. 내 이야기가 당신에게 불쾌하게 들릴 것이다. 나 역시 이런 이야기를 하는 것이 마냥 즐겁지는 않다.

하지만 외과 의사가 사랑하는 친구의 다리가 썩어가는 것을 본다면 눈물을 머금고 그 다리를 절단하지 않겠는가? 내가 바로 그런 심정으로 당신에게 말하는 것이다.

사랑하는 자여, 나를 이해해달라. 나는 무너지기 직전의 집을 허물고 아름답고 튼튼한, 영원한 집을 지어주고자 하는 것이다. 그렇게 하지 않으면 곧 무너져 당신이 깔려 죽을 것이다. 성경은 "악인은 죽을 때에 그 소망이 끊어지나니 불의의 소망이 없어지느니라"(잠 11:7)라고 가르친다.

죄인이여, 깨닫지 못하고 살다가 결국 죽어서 지옥에서 뒤늦게 눈 뜨는 것보다는 지금 내 말을 듣고 깨닫는 것이 낫다. 당신 자신을 속이는 거짓된 소망을 붙들지 말라. 당신이 잘못된 것에 소망을 두면서 여전히 죄 가운데 있는 것을 보고도 그냥 둔다면 나는 거짓되고 불충한 목자일 것이다. 양심의 소리에 귀를 기울여라.

당신은 도대체 무엇을 의지하는가? 성직자의 예복을 입고 있다는 것을 의지하는가? 그리스도인이라고 자처하는 것을 의지하는가? 눈에 보이는 교회의 교인임을 의지하는가? 기독교의 핵심 교리를 아는 것, 교양 있고 예의 바른 것, 종교적 의무를 수행하는 것, 깨끗하게 사업하는 것, 죄 때문에 양심의 가책을 느끼는 것을 의지하는가?

주님의 말씀에 근거하여 단언하건대, 이런 것들은 하나님의 심판의 자리에서 결코 통하지 않는다. 선한 것이기는 하지만 당신의 회개를 증명해주지는 못한다. 당신을 구원에 이르게 하지 못한다. 제발 정신 차려라! 철저히, 신속하게 돌이키겠다고 결심하라! 당신의 마음을 깊이 살펴라. 하나님께서 당신을 철저히 다루실 때까지는 쉬지 말라. 지금과는 다른 사람이 되어야 한다. 그렇지 않으면 영원히 잃어버린 사람이 될 것이다.

이런 사람들이 회개에 이르지 못했다면 하물며 세속적인 사람들은 어떠하겠는가? 세속적인 사람들은 나의 이런 이야기에 귀를 기울이거나 눈길을 주지도 않을 것이다. 하지만 혹시라도 관심을 보인다면 그들을 만드신 분께서 "너희는 하나님나라에서 너무 멀리 떨어져 있구나"라고 말씀하신다는 것을 깨달아야 한다.

지혜로운 처녀들과 알고 지내던 사람들도 천국에 들어가지 못하는데 하물며 어리석은 자들과 어울리는 사람들은 어떠하겠는가? 깨끗한 거래를 하면서도 하나님 앞에서 의롭다 함을 얻지 못한 사람들이 있는데 더구나 거짓된 거래를 하고 약속을 지키지 않는 사람들은 어떠하겠는가?

불쌍한 죄인이여, 당신의 양심이 당신을 고발하지 않는가? 한 번 비침을 얻고 종교적 의무를 형식적으로 준행한 사람도 회개하지 않았다고 판명되어 지옥에 간다면, 세상에서 하나님 없이 살아가는 사람들은 어떠하겠는가?

하나님을 생각하지 않는 불쌍한 죄인아! 하나님을 알지 못해서 기도조차 하지 못하는 불쌍한 죄인아! 하나님에 대해 관심조차 없어서 기도하기를 원치 않는 불쌍한 죄인아! 돌이켜 회개하라! 의義로 당신의 죄를 깨뜨려버려라. 그리스도께 달려가 당신을 용서하고 새롭게 하시는 그분의 은혜를 받아라. 당신을 주께 드리고 거룩함 가운데 동행하라. 그렇지 않으면 하나님을 보지 못할 것이다. 하나님의 경고에 귀를 기울여라!

주님의 이름으로 다시 한 번 말하겠다. 내 책망을 듣고 돌이켜라. 어리석음을 버리고 생명을 얻어라. 근신하며 의롭고 경건한 삶을 살

라. 죄인이여, 손을 씻어라. 두 마음을 품은 자여, 마음을 깨끗하게 하라. 악행을 그치고 선행을 배워라(잠 1:23, 9:6 ; 딛 2:12 ; 약 4:8 ; 사 1:16,17).

명심하라! 계속 악을 행하면 반드시 죽을 것이다.

CHAPTER 02

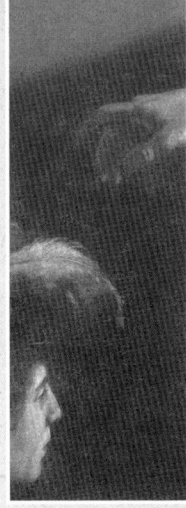

이것이 회개이다

회개는 낡은 건물을 뜯어고치는 것이 아니라 전부 허물고 새로운 건물을 세우는 것이다.
회개는 새로운 세상에서 살아갈 새로운 사람을 만들어내며
사람의 마음과 몸과 삶 전체의 행동들을 변화시킨다.

성경은 우리를 책망하는 데서 그치지 않고 올바른 가르침으로 인도한다. 이제까지 나는 당신이 무너질 수 있는 수많은 위험한 오해들을 보여주었다. 이제는 당신을 '진리의 항구'로 인도하려고 한다. 회개는 마음과 생활의 철저한 변화이다. 회개의 본질과 동인動因들을 간단히 살펴보자.

회개케 하시는 분은 누구인가?

우리는 '성령의 거룩하게 하심'(살후 2:13) 또는 '성령의 새롭게 하심'(딛 3:5)으로 회개하게 된다.

그렇다고 해서 성삼위聖三位 가운데 성부와 성자가 배제되는 것은 아니다. 사도 베드로는 우리에게 "우리를 거듭나게 하사 산 소망이 있게 하시며"(벧전 1:3), 우리 주 예수 그리스도의 아버지 하나님을 찬송하라고 가르친다. 그리스도는 "이스라엘로 회개케 하시는 분"(행 5:31) 또는 "영존永存하시는 아버지"(사 9:6)라고 불리신다. 그리고 우리는 그리스도의 자손 또는 "하나님께서 (예수에게) 주신 자녀"(히 2:13)라고 불린다.

그런데도 성경은 회개를 주로 성령의 사역이라고 가르치면서 그리스도인들을 "성령으로 난 사람"(요 3:5,6)이라고 부른다. 그러므로 회개는 인간이 가진 능력의 한계를 벗어나는 일이다. 우리는 "혈통으로나 육정으로나 사람의 뜻으로 나지 아니하고 오직 하나님께로서 난 자들"(요 1:13)이다. 당신 스스로 자신을 회개시킬 수 있다고 착각하지 말라.

당신이 회개하여 구원을 얻고 싶다면 먼저 당신의 힘으로 회개하겠다는 생각을 버려라. 회개는 죽은 자의 상태에서 다시 사는 것이며(엡 2:1), 새로운 창조이며(갈 6:15 ; 엡 2:10), 전능하신 분의 능력으로 이루어지는 일이다(엡 1:19). 이런 것들은 인간 능력의 한계를 뛰어넘는 일이다. 당신에게 선천적으로 선한 성품이나 온유하고 고상한 기질만 있다면 당신은 회개하지 않은 것이다. 회개는 초자연적인 일이다.

우리 속에서 역사하시는 하나님의 거저 주시는 은혜

성경은 "우리를 구원하시되 우리의 행한 바 의로운 행위로 말미암지 아니하고 오직 그의 긍휼하심을 좇아 중생의 씻음과 성령의 새롭게 하심으로 하셨나니"(딛 3:5)라고 가르친다. 또한 "그가… 자기의 뜻을 좇아 진리의 말씀으로 우리를 낳으셨느니라"(약 1:18)라고 증거한다. 하나님께서는 우리가 거룩해서 택하신 것이 아니라 우리를 거룩하게 하시려고 택하고 부르셨다(엡 1:4).

하나님 보시기에 인간의 속에 하나님의 마음을 끌 만한 것이 전혀 없고, 오히려 불쾌하게 할 만한 것이 있을 뿐이다. 그분의 눈에 사랑스러운 것이 인간에게 없고, 혐오감을 불러일으킬 만한 것이 있을 뿐이다.

당신 자신을 되돌아보라. 당신의 호색好色한 본성, 당신 안에 있는 음식 찌꺼기처럼 더러운 것 그리고 당신이 한때 좋아했던 진흙탕을 깊이 생각해보라(벧후 2장). 당신 안에서 썩어 악취를 풍기는 것을 보라. 당신의 옷도 당신을 혐오하지 않는가?(욥 9:31) 그런데 어떻게 거룩함과 순결함이 당신을 사랑할 수 있겠는가?

하늘이여, 이것을 보고 놀라라. 땅이여, 이것을 보고 흔들려라. "은혜로다! 은혜로다!"라고 외치지 않아도 될 사람이 있는가?(슥 4:7) 지극히 높으신 분의 자녀들이여, 내 말을 듣고 부끄러움에 몸을 떨라. 감사하지 않는 자들이여, 값없이 받은 은혜에 대해 더 이상 말하지도 생각하지도 않는 것과 찬양하지도 높이지도 기리지도 않는 것을 부끄럽게 여겨라.

그토록 큰 은혜를 받았으면 언제 어디서나 마땅히 하나님을 찬양해야 하지 않겠는가? 그 큰 은혜를 어찌 잊을 수 있을까? 그 은혜를 형식적으로 가볍게 언급하고 끝내려는가? 하나님과 우리가 원수가 되고 우리의 본성이 괴물처럼 변해버렸는데 무엇으로 우리를 사랑하시게 만들겠는가?

오직 주님이 값없이 주시는 은혜로만 그렇게 할 수 있다! 그렇기 때문에 베드로는 사랑을 담아 손을 높이 들고 "찬송하리로다 우리 주 예수 그리스도의 아버지 하나님이 그 많으신 긍휼대로… 우리를 거듭나게 하사"(벧전 1:3)라고 외쳤다. 바울 역시 "긍휼에 풍성하신 하나님이 우리를 사랑하신 그 큰 사랑을 인하여 허물로 죽은 우리를 그리스도와 함께 살리셨고(너희가 은혜로 구원을 얻은 것이라)"(엡 2:4,5)라고 그분의 긍휼을 노래했던 것이다!

우리 바깥에서 역사하시는 예수님의 중보사역

하나님께서는 패역하는 자들에게서까지 선물을 받으셨으며(시 68:18), 예수님을 통해 자신이 기뻐하는 것을 우리 안에서 이루신다(히 13:21). 하나님께서는 예수님을 통해 하늘에 속한 모든 신령한 복을 우리에게 주신다(엡 1:3). 예수님은 하나님께 선택받았지만 아직 믿지 않는 사람들을 위해 중보기도를 하신다(요 17:20).

구원에 이르는 회개를 한 자는 예수님이 해산解産의 고통을 치르시며 얻어낸 열매이다. 그분이 우리를 위해 견디신 고통은 이 세상에서 아이를 낳은 그 어떤 어머니의 고통보다 더 크다. 예수님이 십자가에서 당하신 모든 고통은 우리를 낳기 위한 해산의 고통이었다. 주님은 우리에게 거룩함이 되셨고(고전 1:30), 우리를 거룩하게 하시려고 자신을 거룩하게 하셨다(요 17:19). 다시 말해서, 희생제물로 구별하셨다. 주님이 자신의 몸을 영원히 단번에 드리셨기 때문에 우리는 거룩함을 얻었다(히 10:10).

오직 그리스도의 공로와 중보기도만이 하나님의 마음을 움직여 우리에게 회개의 은혜를 선사할 수 있다. 당신은 새 피조물이 되었는가? 그렇다면 무엇 때문에 새롭게 된 것인지 알고 있는가? 바로 그리스도의 십자가 고난과 기도 때문이다. 망아지가 어미 말에게 달려가고 젖

먹이가 엄마의 품을 찾는 것은 지극히 자연스러운 일이다. 그러나 이보다 더 자연스러운 일은 그리스도인이 그리스도께로 달려가는 것이다. 이제 당신은 어디로 가겠는가?

그분만큼 당신을 위하는 사람이 이 세상에 있다면 그에게 가라. 사탄이 당신을 자기 소유라고 주장하는가? 세상이 당신을 유혹하고, 죄가 당신의 마음을 빼앗으려고 하는가? 한 가지만 묻자! 이런 것들이 당신을 위해 십자가에 못 박혔는가? 그리스도인이여, 생명이 있는 동안 자신의 주님을 사랑하고 섬겨라.

그리스도 일꾼들의 사역으로 회개하게 된다

사도 바울은 "그리스도 예수 안에서 복음으로써 내가 너희를 낳았음이라"(고전 4:15)라고 말했다. 그리스도의 일꾼들은 사람들의 눈을 뜨게 하여 그들을 하나님께로 돌이키게 만들려고 보냄을 받은 자들이다(행 26:18). 배은망덕한 세상 사람들이여, 당신이 주님의 사자使者들을 박해하는 것이 얼마나 큰 죄인지 알고 있는가? 그들은 그리스도의 뜻을 따라 당신을 구원하기 위해 애쓰는 사람들이다! 당신이 훼방하며 능욕한 사람들이 누구인지 알고나 있는가?(사 37:23)

그리스도의 일꾼들은 지극히 높은 하나님의 종으로 당신에게 구원의 길을 전하는 사람들이다(행 16:17). 그런데 당신은 그들에게 그토록 악하게 대하는가? 이 우매무지한 자여(신 32:6), 당신이 조롱한 사람들이 누구인지 아는가?

감사할 줄 모르는 자여, 그들은 하나님께서 당신 같은 죄인을 회개로 이끌어 구원하시려고 사용하시는 일꾼들이다. 그런데 당신은 당신의 병을 고쳐주려는 의사들을 모욕하는가? 생명의 항구로 인도하는 선원들을 배 밖으로 던지려고 하는가? 당신 같은 자들이 있기 때문에 우리 주께서 "아버지여 저희를 사하여주옵소서 자기의 하는 것을 알지 못함이니이다"(눅 23:34)라고 기도하신 것이다!

우리를 회개시키는 실제적인 도구는 말씀이다

우리는 진리의 말씀으로 태어났다. 말씀이 우리의 눈을 밝게 하고, 영혼을 소성케 하고(시 19:7,8), 구원에 이르는 지혜를 준다(딤후 3:15). 말씀은 우리를 거듭나게 하는 '썩지 아니할 씨'이다(벧전 1:23). 우리가 씻음을 받았다면 그것은 바로 말씀 덕분이다(엡 5:26). 우리가 거룩하게 되었다면 그것은 진리를 통해 그렇게 된 것이다(요 17:17). 말씀은 믿음이 생기게 하고 우리를 거듭나게 한다(롬 10:17 ; 약 1:18).

말씀을 사랑하라! 당신은 말씀의 새롭게 하는 능력을 맛보지 않았는가? 생명이 있는 동안 말씀을 귀하게 여기고, 항상 감사하라. 말씀을 목에 두르고, 손에 새기고, 가슴에 품어라(잠 6:21). 길을 걸을 때는 말씀이 인도하게 하고, 잠을 잘 때면 지키게 하고, 잠에서 깨면 당신과 대화를 나누게 하라(잠 6:22).

시편 기자처럼 "내가 주의 법도를 영원히 잊지 아니하오니 주께서 이것들로 나를 살게 하심이니이다"(시 119:93)라고 고백하라. 아직 회개하지 못했다면 하나님의 말씀을 부지런히 읽어라. 말씀이 강력하게 선포되는 곳에 모이고, 성령님이 말씀을 통해 임하시기를 기도하라.

무릎을 꿇고 기도한 다음 설교를 듣고, 설교를 들은 다음 무릎 꿇고 다시 기도하라. 설교가 당신을 변화시키지 못하는 이유는 그 설교에 기도와 눈물을 뿌리지 않고, 묵상의 옷을 입히지 않았기 때문이다.

회개의 최종 목표는 사람의 구원과 하나님의 영광이다

우리는 '성령의 거룩하게 하심'을 통해 구원에 이르도록 선택받았고(살후 2:13), 영화롭게 되기 위해 부름 받았다(롬 8:30). 하지만 우리가 부름 받은 것은 무엇보다도 하나님께 영광을 돌리기 위함이다(사 60:21). 하나님의 아름다운 덕德을 선전하고(벧전 2:9) 선한 일에서 열매를 맺기 위해서다(골 1:10).

그리스도인이여, 당신이 무엇을 위해 부름 받았는지 잊지 말라. 당신의 빛이 비추게 하라. 당신의 등불이 타오르게 하라. 시절을 좇아 선한 열매를 풍성히 맺으라(시 1:3). 당신의 모든 계획이 하나님의 뜻에 온전히 일치하게 하라. 그러면 주님이 당신 안에서 존귀하게 되실 것이다(빌 1:20).

회개의 대상은 선택받은 죄인이다

회개는 자기의 모든 몸과 능력과 마음에서 일어나야 한다. 하나님께서는 자신이 예정하신 사람만을 부르신다(롬 8:30). 그리스도께로 나아와 그분을 믿어서 구원받을 수 있는 사람은 오직 아버지께서 그리스도에게 주신 사람들뿐이다(요 6:37,44). 효과적인 부르심은 영원한 선택과 평행을 이루며 나아간다(벧후 1:10).

만일 당신이 선택의 문제부터 논의를 시작한다면, 그것은 완전히 잘못된 방향에서 시작하는 것이다. 먼저 당신의 회개를 증명하라. 그런 다음, 당신이 선택받았다는 것을 의심하지 말라. 만일 당신의 회개를 증명할 수 없다면 지금 당장 철저히 돌이켜라. 하나님의 비밀한 계획이 무엇이든지 나는 하나님의 약속이 너무나 분명하다고 믿는다. 그런데 하나님께 반역하는 사람들은 목에 핏대를 세우며 이런 궤변을 늘어놓는다.

"만일 내가 선택받았다면 아무리 내 뜻대로 살아도 결국 구원받을 것이다. 그러나 내가 선택받지 못했다면 아무리 노력해도 결국 지옥으로 떨어질 것이다."

사악한 죄인이여, 당신은 완전히 거꾸로 생각하는 것이다! 말씀이 당신 앞에 있지 않은가? 말씀이 무엇이라고 말하는가?

> 회개하고 돌이켜 너희 죄 없이 함을 받으라 행 3:19

> 몸의 행실을 죽이면 살리니 롬 8:13

> 주 예수를 믿으라 그리하면 너와 네 집이 구원을 얻으리라 행 16:31

이보다 더 분명한 것이 또 있을까? 가만히 서서 당신의 선택에 대해 이러쿵저러쿵하지 말고, 오직 회개하고 믿으라. 회개의 은혜를 달라고 하나님께 부르짖어라. 하나님의 말씀이 당신 앞에 있다. 그 말씀을 알기 위해 부지런히 힘써라. 누군가 적절히 지적했듯이, "말씀을 양식으로 취하지 않는 사람은 성장을 멈추고 뼈만 앙상하게 남을 것이다."

하나님의 계획이 무엇이든 나는 하나님의 약속이 참되다고 확신한다. 하나님의 숨겨진 뜻이 무엇이든 회개하고 믿으면 구원을 받고, 그렇지 않으면 멸망한다는 것을 잘 안다. 이렇게 평탄한 진리의 길이 당신 앞에 펼쳐져 있는데, 당신은 시작부터 암초에 부딪쳐 좌초坐礁하려는가?

우리는 회개가 전인全人을 변화시킨다는 사실에 특히 주목해야 한다. 육욕적肉慾的인 사람도 어떤 면에서 선할 수 있지만, 그의 인격 전체가 선한 것은 아니다. 회개는 낡은 건물을 뜯어고치는 것이 아니라 전부 허물고 새로운 건물을 세우는 것이다. 헌 옷에 거룩함의 헝겊 조각을 덧대는 것이 아니라 거룩함을 우리의 모든 능력과 원칙과 실제 삶 속에 짜 넣는 것이다.

참된 그리스도인은 기초부터 꼭대기까지 완전히 새로운 구조물이다. 그는 새 사람이요 새 피조물이다. 모든 것이 새로워졌다(고후 5:17). 회개는 사람의 마음 깊은 곳에서 일어나는 일이다. 회개는 새로운 세상에서 살아갈 새로운 사람을 만들어내며 사람의 마음과 몸과 삶 전체의 행동들을 변화시킨다.

마음의 변화

첫째, 회개는 사람의 판단 기준을 완전히 뒤집어놓는다

회개한 사람은 하나님과 그분의 영광을 육욕적이고 세속적인 것보다 소중하게 여긴다. 회개는 마음의 눈을 뜨게 하고 타고난 무지無知의 비늘을 벗겨내 사람들을 어둠에서 빛으로 이끈다. 전에는 자신의 영적 상태가 얼마나 위험한지 알지 못했던 사람이 회개한 후에는 자신의 상황을 정확히 진단하게 된다(행 2:37). 그리하여 은혜의 능력으로 새롭게 되지 못하면 자신이 버림받아 영원히 멸망할 수밖에 없다는 것을 깨닫게 된다.

전에는 죄가 별로 해롭지 않은 것이라고 믿었던 사람이 회개하면 죄가 모든 악의 뿌리임을 알게 된다. 회개한 사람은 죄가 불합리하고 불의하고 기형적畸形的이고 더럽다는 것을 알게 된다. 그래서 죄를 보면 무서워하고, 미워하고, 두려워하고, 죄에서 도망하고, 심지어 죄에 빠진 자신을 혐오한다(롬 7:15 ; 욥 42:6 ; 겔 36:31).

회개하지 않은 사람은 자기 안에서 죄를 보지 못하고 자기에게 고백할 죄가 없다고 생각하지만, 회개한 사람은 자기의 마음이 썩어 있고 자기의 본성 전체가 오염되어 절망적이라는 것을 깨닫게 된다.

이런 사람은 "불결하다! 불결하다! 오, 주여! 저를 우슬초로 정결케 하소서. 저를 철저히 씻기소서. 내 속에 정淨한 마음을 창조하소서"라고 부르짖는다. 그는 자신이 철저하게 더러우며 머리끝에서 발끝까지 부패하다는 것을 알게 된다(시 14:3 ; 마 7:17,18). 그는 자신의 몸과 능력과 행위에 '불결하다'는 낙인을 찍고(사 64:6 ; 롬 7:18), 자신이 구석구석까지 더럽다는 것을 알게 된다.

전에는 몰랐지만 이제 자기 안에 신성모독, 절도, 살인 그리고 간음이 있다는 것을 깨닫는다. 전에는 그리스도에게서 흠모할 만한 아름다운 것을 보지 못했지만, 이제는 밭 속에 '숨겨진 보물'을 찾았기 때문에 자기의 모든 소유를 팔아 그 밭을 살 것이다. 그리스도는 그가 갖고자 하는 진주이시다.

회개한 사람은 새로운 빛을 받아 전과는 다른 마음을 갖게 되고 다른 판단을 하게 된다. 이제 하나님께서 그의 모든 것이 되신다. 그에게는 하늘과 땅에 그분 같은 존재가 없게 되어 세상을 다 준다 해도 그분과 바꾸지 않는다. 그는 그분의 사랑에 의지하여 살아간다. 전에는 곡식과 포도주와 기름에 집착했지만, 이제는 하나님의 얼굴빛을 더 귀하게 여긴다(시 4:6,7).

위선자도 하나님께서 가장 선한 분이시라는 것을 인정할 수는 있다. 이교도 중에서 소수의 지혜로운 자들도 그들 나름대로 진리를 추구하는 과정에서 우연히 이 사실을 깨닫는 경지까지 올라갔다. 그러나 자기에게 가장 필요한 분이 하나님이시라는 것을 깨닫고 순종하는 위선자는 없다. 그러나 회개한 사람이라면 이렇게 고백한다.

> 여호와는 나의 기업이시니 그러므로 내가 저를 바라리라 애 3:24

> 하늘에서는 주主 외에 누가 내게 있으리요 땅에서는 주밖에 나의 사모할 자 없나이다… 하나님은 내 마음의 반석이시요 영원한 분깃이시라 시 73:25,26

둘째, 회개는 비뚤어진 의지를 바로잡아준다

회개한 사람은 의지意志가 바뀐다. 회개한 사람에게는 새로운 목적과 계획이 생긴다. 이 세상에서 하나님을 가장 원하기 때문에 다른 것을 원하거나 계획하지 않는다. 그리스도가 자기 안에서 가장 존귀하게 되기를 원하는 것이다. 그는 그리스도를 섬겨 그분께 영광을 돌리는 것을 최고의 행복으로 여긴다. 이 세상의 모든 것을 다 준다 해도 이 행복과 바꾸지 않는다. 그가 추구하는 목표는 그리스도의 이름이 세상에서 높아지는 것이다.

지금 내 말을 들으면서 당신의 마음속에서 '내가 과연 그리스도를 최고의 보물로 여기는가?'라는 의문이 생기지 않는가? 잠시 조용히 시간을 내어 당신의 깊은 곳을 살펴보라!

회개한 사람은 선택의 기준이 바뀐다. 하나님을 자기 복의 근원으로 선택하고, 그분께 영광을 돌리기 위해 그리스도와 거룩함을 수단으로 삼는다. 그는 그리스도를 자신의 주님으로 선택한다. 강요나 필요에 의해 억지로 하는 게 아니라 즐거운 마음으로 기꺼이 주 앞에 나아간다.

심한 양심의 가책 때문에 또는 죽어가는 죄인이 지옥 대신 그리스도를 택하듯 두려움을 이기려고 선택하는 것이 아니다. 그는 항상 그리스도를 가장 먼저 선택하겠다고 굳게 결심한다. 세상에서 얻는 모든 즐거움을 마다하고 그리스도를 선택한다(빌 1:23). 그는 거룩의 길을 선택한다. 어쩔 수 없이 택하는 것이 아니라 그 길을 좋아하고 사랑해서 택하는 것이다.

> 내가 주의 법도를 택하였사오니 주의 손이 항상 나의 도움이 되
> 게 하소서 시 119:173

그는 하나님의 교훈을 속박으로 여기지 않고 오히려 영원한 유업遺業으로 여긴다. 부담이 아닌 복으로, 굴레가 아닌 양약良藥으로 생각한다(요일 5:3 ; 시 119:14,16,47). 그리스도의 멍에를 수동적으로 메는 것이 아니라 능동적으로 짊어진다. 환자가 병이 나으려고 쓴 약을 억지로 삼키듯 거룩함을 받아들이는 것이 아니라 굶주린 자가 음식을 달게 먹듯이 받아들인다. 그가 평소에 어떤 일을 하든지 그 시간이 거룩의 훈련 시간만큼 달콤하지는 않다. 거룩의 훈련은 그의 양식이요 자양분이요 눈의 소원이요 마음의 기쁨이다.

양심을 속이지 말고 나의 말에 비추어 보아 당신이 회개한 사람인지 아닌지 확인하라. 회개한 사람이라면 당신은 정말 복된 사람이다! 그러나 이런 확인 과정은 철저해야 하고 한쪽으로 치우치지 않아야 한다.

셋째, 회개는 뒤틀린 감정을 바로잡아준다

회개한 사람의 감정은 새로운 수로水路를 따라 흐르기 시작한다. 이제는 요단강이 거꾸로 흐르는 것이다. 물길이 자연을 거슬러 위로 흐른다. 그리스도가 그의 소망이요 상급이다. 회개한 사람의 눈과 마음은 그리스도를 향한다. 폭풍을 만나 죽을 위기에 처한 상인이 모든 짐을 배 밖으로 던지듯이 그리스도라는 보화를 얻기 위해 다른 모든 것을 포기한다.

그가 가장 원하는 것은 금金이 아니라 은혜이다. 그는 은혜에 굶주려 있다. 은銀을 찾듯이, 땅속에 묻혀 있는 보물을 찾듯이 그것을 찾는다. 그는 큰 자가 되기를 원하지 않고 하나님의 인자하심을 드러내는 자가 되기를 원한다. 그는 이 땅에서 가장 많이 배우고 유명하고 번영하는 자가 되기보다는 가장 거룩한 자가 되기를 원한다.

회개하기 전에 그는 "세상 사람들이 나를 높이 세워주고 돈을 물처럼 펑펑 쓰고, 쾌락을 한없이 맛본다면 얼마나 좋을까! 우리 가족이 진 빚을 다 갚고 풍족하게 산다면 얼마나 좋을까!"라고 말했다. 그러나 회개한 후에는 그의 말이 이렇게 바뀐다.

"나의 부패한 본성을 잠재울 수 있다면, 내게 은혜의 강물이 넘쳐흐른다면, 하나님과 깊이 교제한다면 얼마나 좋을까! 그러면 내가 아무리 가난하고 무시당해도 상관없다. 그렇게만 된다면 나는 정말 복된 사람일 테니까!"

당신의 영혼도 이렇게 고백하는가?

회개하면 기쁨의 대상이 바뀐다. 하나님의 가르침을 받는 것을 모든 부귀영화를 누리는 것보다 기뻐한다. 회개하기 전에는 여호와의 율법을 별로 기뻐하지 않았지만 회개한 후에는 그 율법을 기뻐한다. 그리스도를 생각하고 그분과 교제하고 그분 백성의 번성을 볼 때 최고로 기쁘다.

회개하면 관심사가 싹 바뀐다. 회개하기 전에는 마음이 세상으로 향하고 영혼을 위해서는 쥐꼬리만 한 시간을 투자했지만, 이제는 "내가 어떻게 하여야 구원을 얻으리이까"(행 16:30)라고 부르짖는다. 그의 최대 관심사는 영혼을 안전하게 지키는 것이다.

회개한 사람은 고난을 받을까봐 두려워하는 게 아니라 죄를 지을까봐 두려워한다. 회개하기 전에는 재산이나 명성을 잃는 것이 가장 두려웠고, 고통이나 가난, 불명예가 가장 끔찍했다. 그러나 이제는 하나님의 영광을 가리거나 불쾌하게 만들까봐 두렵다. 그는 죄의 덫에 걸리지 않기 위해 아주 조심스럽게 걷는다. 죄에 사로잡히지 않도록 자기의 마음을 살피고, 종종 뒤를 돌아본다. 하나님의 관심을 잃는다고 생각하면 눈앞이 깜깜해진다. 왜냐하면 그것은 그에게 파멸을 의미하는 일이기 때문이다. 그리스도에게서 끊어진다고 생각하면 그렇게 괴로울 수가 없다.

회개한 사람은 사랑의 대상도 바꾼다. 이그나티우스(St. Ignatius, 약 35~107. 안디옥의 감독)는 "내 사랑이 십자가에 못 박혔다"라고 말했는데, 여기에서 '내 사랑'은 그리스도를 의미한다. 그리고 그 배우자는 "이는 나의 사랑하는 자요"(아 5:16)라고 말하게 된다.

어거스틴도 그리스도께 얼마나 많은 사랑을 쏟아 부었는지 모른다. 그가 아는 표현력을 전부 동원해도 그분을 향한 그 사랑을 다 표현하지 못했다. 이제 그의 고백을 들어보자.

"오, 내 눈의 빛이시여, 주님을 보게 하소서! 오, 내 영의 기쁨이시여, 내게 오소서! 오, 내 마음의 즐거움이시여, 내게 주님을 보여주소서! 오, 내 영혼의 생명이시여, 주님을 사랑하게 하소서! 나의 큰 기쁨, 나의 달콤한 위로시여, 나의 하나님이시여, 내 생명이시여, 내 영혼의 모든 영광이시여, 내게 나타나소서! 내 마음의 소원이시여, 제가 주님을 찾게 하소서! 내 영혼의 사랑이시여, 주님을 만나게 하소서! 하늘의 신랑이시여, 주님을 품게 하소서! 주님을 저에게 주소서!"

사람이 회개하면 그를 슬프게 만드는 것도 달라진다(고후 7:9,10). 회개하기 전에는 자기의 죄를 보거나 십자가에 못 박히신 그리스도를 보아도 별로 느끼는 것이 없었지만, 회개한 후에는 무척 가슴 아파한다. 죄를 볼 때 증오가 들끓고 분노가 타오르며 죄를 짓는 자신을 용납하지 못한다. 죄에 대해 분노가 치밀면 자신을 바보나 짐승이라고 부르며, 그 어떤 이름도 자신에게 과분하다고 여긴다(시 73:22 ; 잠 30:2). 전에는 죄가 좋아서 그 속에서 뒹굴었지만, 이제는 과거의 죄로 돌아가는 것이 토해낸 것을 다시 핥는 것처럼 더럽게 느껴진다.

이제 당신의 마음을 깊이 살펴라. 당신의 감정과 애착이 어느 방향으로 향하고 있는지 확인하라. 그것들이 다른 것들을 제쳐두고 그리스도 안에서 하나님을 향하고 있는가? 종종 위선자들에게서도 강력한 감정이 갑작스레 일어날 수 있다. 특히 타고난 성품이 따뜻한 사람들일수록 그렇다. 그러나 거룩하게 된 사람들이라 할지라도 감정의 흥분이 없는 경우도 종종 있다. 타고난 기질이 차갑고 메마르고 둔감한 경우가 그렇다.

따라서 우리는 "나의 판단과 의지가 진짜 선하거나 겉보기에만 선하더라도 모든 선한 것들을 넘어서 하나님께 지속적으로 향하고 있는가?"라고 물어야 한다. 이 질문에 "예"라고 대답할 수 있다면, 우리의 감정이 자신의 선택을 따라 성실히 움직이는 것이 확인된다면(비록 원하는 만큼 강력하거나 뜨겁지는 않더라도), 우리는 확실히 회개한 것이다.

몸의 변화

회개하기 전에는 죄의 도구로 사용되던 인간의 몸이 회개한 후에는 그리스도의 살아 있는 성전의 거룩한 도구가 된다. 자신의 몸을 욕되게 했던 사람이 회개하면 거룩함과 영예와 절제와 순결과 근신 가운데 지키면서 주께 온전히 바친다.

전에는 음욕과 교만과 탐욕으로 가득 차서 바라보던 눈이 이제는 마리아의 눈처럼 자신의 죄를 슬퍼하며 울고, 하나님의 놀라운 일들을 보고, 그분의 말씀을 읽고, 긍휼을 베풀 대상을 찾고, 하나님을 섬길 기회를 찾는다.

사탄의 목소리를 반기고 음란하고 천박한 이야기나 바보들의 웃음소리를 즐겼던 귀가 이제는 그리스도의 집 대문에 대고 그분의 제자들의 말을 듣는다. 이런 귀를 가진 사람은 "여호와여 말씀하옵소서 주의 종이 듣겠나이다"(삼상 3:9)라고 말한다. 가뭄에 단비를 기다리듯이 하나님의 말씀을 기다리고, '특정한 음식'(욥 23:12)이나 '꿀과 송이꿀'(시 19:10)보다 그분의 말씀을 더 좋아한다.

회개하기 전에는 세상적인 계획들로 가득했던 머릿속이 하나님을 위한 계획들로 채워지고, 그분의 뜻을 발견하기 위해 고심한다. 회개한 사람은 자기의 유익을 구하는 데 머리를 쓰지 않고 자기의 책무를 다하는 데 머리를 쓴다. 어떻게 하면 하나님을 기쁘시게 해드리고 죄를 피할 것인지에 골몰한다.

전에는 더러운 욕심으로 가득 차 돼지우리 같던 마음이 향좁이 피어오르는 제단으로 바뀐다. 이 제단에서는 거룩한 사랑의 불이 항상 타오르고, 기도와 찬양의 제사를 매일 드리고, 거룩한 소원과 외침과 기도의 향이 끊임없이 하늘로 피어오른다.

회개한 사람의 입은 생명의 우물이며 그의 혀는 최상급 은銀이다. 그 입술은 많은 사람들에게 생명의 양식을 먹인다. 은혜의 소금이 그의 말에 맛을 내고 부패를 막아준다(골 4:6). 또한 마음속 지옥으로부터 불길처럼 뿜어져 나오던 더러운 대화, 아첨, 자랑, 폭언, 거짓말, 욕설, 중상모략 같은 것들에서 깨끗하게 된다(약 3:6).

전에는 열린 무덤 같던 그의 목구멍에서 이제는 기도와 거룩한 이야기가 아름답게 흘러나온다. 그는 전과는 다른 언어로 말하고, 가나안 복지의 언어로 말한다. 하나님과 그리스도와 천국의 일을 말할 때 가장 유창하게 말한다. 그의 입은 지혜를 말하며, 그의 혀는 창조주를 찬양하는 은 나팔이요 영광이요 최고의 지체이다.

그러나 위선자는 어떠한가? 위선자의 겉모습은 선하게 보이지만 속에는 문제가 많다. 그가 천사처럼 말할지라도 눈에는 탐욕이 가득하고 손에는 불의한 소득이 넘쳐난다. 손은 깨끗하지만 마음은 썩은 것(마 23:27)과 근심 걱정으로 가득하기 때문에 정욕情欲이 끓는 솥이요, 교만의 전시장이요, 악의惡意의 본거지이다.

느부갓네살이 본 형상처럼 위선자의 머리는 금으로 되어 있지만(이 머리에는 지식이 가득하다) 발은 진흙으로 되어 있다. 그의 감정은 세속적이고, 그의 생각은 이 땅의 것들로 가득하고, 그의 길과 행함은 육욕적이고 세속적이다. 그의 행위는 온전치 못하다.

생활과 실천의 변화

새로워진 사람은 새로운 길을 간다(엡 2:2,3). 그의 시민권은 하늘에 있다(빌 3:20). 그리스도께서 유효한 은혜로 부르시는 순간, 그는 즉시 그분을 따른다. 하나님께서 새 마음을 주시고 그 마음에 율례를 새겨 주시면 그때부터 그는 하나님의 율례 안에서 행하며 하나님의 판단을 따른다.

그의 안에 죄가 거할 수도 있지만(죄는 진저리나게 하는 불청객이다), 죄가 그를 지배하지는 못한다. 그는 거룩함에 이르는 열매를 맺는다. 비록 많은 잘못을 범하더라도 그리스도의 법과 삶을 모범으로 여기고, 하나님의 모든 계명을 가식 없이 진정으로 존중한다. 그는 작은 죄와 작은 의무사항에도 양심의 가책을 느낀다. 그가 없애려고 애쓰지만 버리지 못하는 약점들은 영혼의 짐이다. 이런 약점들은 다른 사람들이 보기에는 먼지같이 작지만 그에게는 적잖이 문제가 된다.

지금 이 글을 읽는 당신도 자신을 살피는 일을 게을리 하지 말라. 진실로 회개한 사람은 교회에서나 어디에서나 똑같다. 이런 사람은 무릎을 꿇었을 때에만 성도聖徒이고 평소에는 속이는 그런 사람이 아니다. 박하와 회향과 근채의 십일조는 드리면서 율법이 중시하는 의義와 인仁과 신信을 소홀히 하는 사람은 진정으로 회개한 사람이 아니다(마 23:23). 경건의 모양을 보이면서 도덕성이 없는 사람은 회개한 사람이 아니다.

회개한 사람은 모든 죄에서 돌이켜 하나님의 모든 법들을 지킨다. 열의와 노력을 다해도 완전하지는 않지만 그래도 한 가지라도 범하지 않도록 성실하게 노력한다. 하나님의 말씀을 기뻐하고, 기도에 전념하고, 굶주린 자들을 보고 마음이 동하여 손을 펴서 그들을 도와준다. 그는 공의를 행함과 가난한 자를 긍휼히 여김으로 죄악을 속贖한다(단 4:27). 모든 일에 정직하게 살려는 양심과 하나님과 사람들에게 범죄하지 않으려는 선한 양심이 있다(히 13:18).

그러나 자신들이 선한 그리스도인이라고 자처하는 많은 사람들에게서 의심스러운 부분들이 발견된다. 그들은 율법을 부분적으로 지키며 손쉬운 종교적 의무는 지키지만, 범사에 철저하지는 못하다(말 2:9). 그들은 마치 반쯤 덜 익은 빵과 같다. 그들은 바른말을 하고 거래할 때 약속을 잘 지키지만, 경건에 이르도록 연습하지는 않는다. 자신을 살피고 마음을 다스리는 일에는 관심이 없다.

그들은 교회에 꼬박꼬박 출석하지만 그들의 가정에서는 세상적인 방식으로 살아가고 있을 것이다. 가정에서 맡은 바 의무에 충실한다 해도 그들의 기도골방으로 가보면 자기들의 영혼을 거의 돌보지 않을 것이다. 그들이 경건하게 보일지는 몰라도 혀에 재갈을 물리지 않았기 때문에 그 경건은 헛된 것이다(약 1:26). 그들이 기도골방을 수시로 들락거리고 가족 기도회를 한다고 해도 그들의 일터로 가보라. 그러면 습관적으로 거짓말을 하거나 속임수를 사용하고 있는 것을 발견하게 될 것이다. 이처럼 위선자는 온전히 순종하지 않는다.

죄로부터 돌이키는 회개

회개한 사람은 죄와 영원히 적대 관계에 놓인다. 모든 죄가 그렇다.

무엇보다도 자기의 죄, 특히 자기가 소중히 여기는 죄에 대해서 그렇다. 죄는 그에게 분노를 일으키고 자꾸 슬프게 만들어 그를 찌르고 상처를 입힌다. 죄는 그의 옆구리를 찌르는 송곳 같고, 눈에 박힌 가시 같다.

그는 죄 아래서 신음하고 발버둥을 친다. 형식적인 몸부림이 아니라 마음속 깊은 곳에서 우러나와 "오호라 나는 곤고한 자로다"라고 부르짖는다. 그가 가장 부담스럽게 여기는 짐은 바로 죄다. 만일 하나님께서 선택권을 주신다면 그는 죄에서 벗어나기 위해 다른 어떤 고통이라도 택할 것이다. 죄는 신발 안에 들어온 날카로운 자갈 같아서 걸을 때마다 찌르고 고통을 준다.

회개하기 전에 사람들은 죄를 가볍게 여겼다. 마치 어린 양을 소중히 여기는 것처럼 죄를 가슴에 품었다. 그는 죄에 영양분을 공급했고, 죄는 그와 더불어 자랐다. 그야말로 죄는 그의 고기를 먹고 그의 잔을 마셨다. 그의 품에 안겼고, 그에게는 딸과 같이 되었다(삼상 12:3).

그러나 하나님께서 회개를 통해 눈을 열어주시면 그는 죄에 대해 혐오감을 느낀다. 어두운 데서 예쁜 새로 착각하여 가슴에 품었던 두꺼비를 보고 놀라 던져버리는 사람처럼 멀리 던져버린다. 변화되어 구원받은 사람은 죄의 위험성뿐만 아니라 죄의 더러움을 깊이 느끼게 된다.

하나님 앞에서 깨끗하게 되기를 간절히 원하고, 자기의 죄 때문에 자신을 혐오한다. 그는 그리스도에게 달려가 더러운 죄를 씻도록 마련된 보혈의 웅덩이에 뛰어든다. 그가 웅덩이에 떨어지면 무수한 핏

방울이 튀면서 모든 것을 깨끗하게 한다. 말씀으로 달려가 육과 영의 더러운 것으로부터 자신을 깨끗하게 하기 위해 무한한 샘에서 씻고 문지르고 헹군 다음에야 비로소 평안을 느낀다.

진정으로 회개한 사람은 죄에 맞서 전심전력으로 싸운다. 죄와의 전쟁에서 자주 패배하지만 목숨이 붙어 있는 한 무기를 내려놓거나 항복하지 않는다. 죄와 화해하지도 않고, 죄를 살려주지도 않는다. 다른 적들은 용서하고 불쌍히 여기고 기도할 수 있지만 죄는 그 경우가 다르다. 죄와 화해하고 싶은 마음이 추호도 없고 오로지 죄를 없애겠다는 단호한 생각밖에는 없다.

그는 귀한 생명을 얻기에 방해가 되는 것이라면 오른쪽 눈이라도 빼버리고 오른손이라도 잘라버릴 것 같은 결연한 자세를 보인다. 죄가 아무리 큰 이익과 쾌락을 주고 세상 친구들의 존경을 한 몸에 받게 해준다 할지라도 그것을 시궁창에 처박고, 자신의 신용이 떨어지는 것을 감수하고, 쾌락의 꽃이 자신의 손에서 시들게 내버려둔다. 그는 자기에게서 죄를 발견하면 결코 용납하지 않는다. 죄에 대해 관대하지 않고 관용을 베풀지 않는다. 죄와 마주칠 때마다 그는 얼굴을 찡그리며 "내 원수야, 또 나타났느냐?"라고 불쾌한 인사를 건넨다.

이런 이야기를 들을 때 당신의 양심은 무엇이라고 말하는가? 내 이야기를 깊이 생각해보았는가? 내 말이 맞는지 틀리는지 확인하기 위해 성경을 찾아보았는가? 반드시 찾아보고 내 주장이 당신에게 해당되는지 양심이 하는 말을 들어보라.

당신은 당신의 육체와 함께 그 정과 욕심을 십자가에 못 박았는가?(갈 5:24) 당신의 욕망 속에서 불타고 있는 모든 죄를 고백하고 버렸는가? 매일 저지르는 의도적이고 고집스러운 죄를 고백하고 버렸는가? 그렇지 않다면 당신은 아직 회개하지 않은 것이다. 내 말을 들을 때 당신의 양심이 당신을 고발하지 않는가? 이익을 위해 거짓말을 한다고, 사업상 속임수를 쓴다고, 은밀히 음행을 한다고 고발하지 않는가? 만일 그렇다면 더 이상 자신을 속이지 말라. "너는 악독이 가득하며 불의不義에 매인 바 되었도다"(행 8:23)라는 말이 더 이상 나오지 않게 하라.

당신의 재갈 먹이지 않은 혀, 정욕의 노예가 된 것 그리고 기도와 말씀 읽기와 설교 듣기를 게을리 한 일이 "우리는 당신의 작품입니다. 당신을 따르겠습니다"라고 증언하는가? 혹시 내가 당신을 정확히 진단하지 못했더라도 당신의 양심이 "악한 것인 줄 알면서도 육욕적 욕망 때문에 아직 끊지 못한 것이 있다"라고 고발하는가? 만일 그렇다면 당신은 아직 거듭나지 못한 것이다. 당신이 변화되지 않으면 당신은 반드시 정죄를 당할 것이다.

사탄으로부터 돌이키는 회개

회개는 강한 자를 결박하고, 그의 갑주를 무력화하고, 소유물을 내던지고, 사람들을 사탄의 권세에서 건져 하나님께 되돌린다. 회개하기 전에는 사탄이 손가락을 들어 악한 무리나 흉악한 놀이나 더러운 쾌락을 가리키기만 하면 죄인들은 즉시 그곳으로 달려갔다.

> 소년이 곧 그를 따랐으니 소가 푸주로 가는 것 같고 미련한 자가 벌을 받으려고 쇠사슬에 매이러 가는 것과 일반이라 필경은 살이 그 간을 뚫기까지에 이를 것이라 새가 빨리 그물로 들어가되 그 생명을 잃어버릴 줄을 알지 못함과 일반이니라 잠 7:22,23

사탄이 거짓말을 하라고 하면 그의 혀에서는 거짓말이 술술 나왔다. 사탄이 음란한 것을 보여주면 그 즉시 정욕의 노예가 되었다. "가족에 대한 의무를 팽개쳐라"라는 말에도 즉시 따르고, "그 일은 그렇게까지 철저하게 정확히 할 필요는 없다"라는 사탄의 말에 따라 일을 대충 처리해버렸다. "남들이 알아주지 않는 일은 굳이 할 필요가 없다"라는 말을 들으면 점점 그런 일에서 손을 뗐다.

그러나 회개한 사람은 사탄이 아닌 다른 주인을 섬기고 완전히 다른 길을 가게 된다. 그는 그리스도의 명령을 따라 움직인다. 때때로 사탄이 덫을 놓아 발목을 잡을 때도 있지만 그럴 때도 그는 '원하지 않으면서 잡혀 있는 포로'일 뿐이다. 믿음의 길을 갈 때 그는 사탄의 올무와 미끼를 경계하면서 걸려 넘어지지 않도록 철저히 연구한다. 자기에게 일어나는 일에 사탄의 음모가 숨겨져 있는 것이 아닌가 하고 경계한다. 그는 정사政事와 권세에 대항하여 싸우고, 사탄의 사자使者가 찾아오면 마치 죽음의 사자에게 저항하듯이 대항한다. 그는 사탄이 유익을 얻지 못하게 하기 위해 적敵을 경계하고 의무를 다한다.

세상으로부터 돌이키는 회개

누구나 참된 신앙을 갖기 전에는 세상에 압도당한다. 돈에 절하거나 자기의 명예를 우상시하거나 하나님보다 쾌락을 더 사랑한다. 이것은 타락으로 인해 생긴 비극의 뿌리이다. 그는 사람에게 치우쳐 있어서 오직 하나님께만 바쳐야 할 영광과 신뢰와 애정을 사람에게 바친다.

비참한 인간이여, 당신은 죄 때문에 괴물로 변하고 말았다! 하나님께서는 당신을 '천사보다 조금 낮은 존재'로 만드셨지만, 죄 때문에 '마귀보다 나을 것이 없는 존재'로 전락해버렸다. 발이 있어야 할 곳에 머리와 가슴이 있고, 하늘을 향해 발길질을 계속하며 모든 것을 뒤죽박죽으로 만드는 괴물이 되었다. 본래 당신을 섬기도록 만들어진 세상이 이제는 당신 위에 군림한다. 속임수에 능한 음녀가 갖은 유혹으로 당신을 현혹해서 이제 당신은 그녀에게 절하고 그녀를 섬긴다.

그러나 회개하게 만드는 은혜는 모든 것을 정상으로 되돌려놓는다. 하나님을 보좌에 앉게 해드리고, 세상을 그분의 발등상에 두고, 그리스도를 마음에 모시고, 세상을 발아래 둔다. 그리하여 우리로 하여금 "세상이 나를 대하여 십자가에 못 박히고 내가 또한 세상을 대하여 그러하니라"(갈 6:14)라고 고백하게 만든다. 회개의 변화가 일어나기 전에는 "우리에게 선善을 보일 자 누구뇨"라고 소리치던 사람이 이제는 "여호와여 주의 얼굴을 들어 우리에게 비취소서 주께서 내 마음에 두신 기쁨은 저희의 곡식과 새 포도주의 풍성할 때보다 더하니이다"(시 4:6,7)라고 고백하게 된다.

회개하기 전에는 세상에서 마음의 기쁨과 만족을 찾느라 "영혼아 여러 해 쓸 물건을 많이 쌓아 두었으니 평안히 쉬고 먹고 마시고 즐거워하자"(눅 12:19)라는 노래를 불렀지만, 이제는 흘러간 옛 노래가 되어 아무 감흥이 없다. 대신 이스라엘의 아름다운 시인詩人을 따라 "여호와는 나의 산업과 나의 잔의 소득이시니 나의 분깃을 지키시나이다 내게 줄로 재어 준 구역은 아름다운 곳에 있음이여 나의 기업이 실로 아름답도다"(시 16:5,6)라고 노래한다.

구원에 이르는 회개를 한 사람은 하나님 아닌 다른 것에서 만족을 얻지 못한다. 그는 그가 즐겼던 세상 것에 '헛되고 괴로운 것!'이라는 딱지를 써 붙이고, 모든 인간적 위대함에 '쓰레기와 배설물!'이라는 낙인을 찍는다. 이제 그는 생명과 불멸不滅을 추구하며, 은혜와 영광에 목말라 하고, 썩지 않을 면류관을 목표로 삼는다. 그의 마음은 주님을 찾겠다고 굳게 결심한다. 무엇보다도 먼저 하나님의 나라와 그분의 의義를 구한다.

전에는 신앙을 '되는대로 아무렇게나 대하면 되는 것'으로 여겼지만, 이제는 '목숨을 걸어야 할 것'으로 생각한다. 전에는 세상이 이끄는 대로 끌려갔고, 경건보다는 돈 버는 일에 더 열정을 쏟고, 하나님보다 친구나 자신의 육신을 더 기쁘게 만들고, 세상을 먼저 섬겼지만, 이제는 다른 모든 것을 제쳐두고 그분을 섬긴다. 그리스도를 따르기 위해서라면 부모와 부인과 자기 목숨까지도 미워한다.

그렇다면 이제 잠시 차분한 마음으로 당신을 돌아보라. 이런 이야기를 듣고도 계속 마음이 편안한가? 당신은 그리스도를 섬기는 척하지만 아직도 세상에 이끌리지 않는가? 세상을 생각하고 육욕적 쾌락에 둘러싸여 있는 것이 골방에서 기도와 묵상에 전념하고 하나님의 말씀을 듣고 예배하는 것보다 더 편하지 않은가? 세상 것을 최고로 여기고 사랑하고 최우선적 목표로 삼는 것이야말로 회개하지 않았다는 가장 확실한 증거이다.

진정으로 회개한 사람은 그리스도를 최고로 여긴다. 주님의 이름이 가장 소중하고, 주님의 은총이 너무나 귀해서 주님의 이름을 마음에 새긴다. 그리스도께 구원받은 사람에게 명예는 헛된 바람이요, 웃음은 미친 것이다. 그가 볼 때, 탐욕의 신神은 여호와의 궤 앞에 엎드려 머리와 두 손목이 끊어진 채 문지방에 있는 다곤Dagon과 같은 존재일 뿐이다(삼상 5:3,4).

참된 회개를 한 자에게 그리스도는 지극히 값진 진주요, 보물이요, 소망이시다. 그는 영광의 주께 "나의 사랑하는 자는 내게 속하였고 나는 그에게 속하였구나"(아 2:16)라고 고백하게 된다. "그 왕국이 내 것이다"라고 말하는 것보다 "그리스도는 내 것이다"라고 말할 수 있는 것이 더 큰 기쁨이다.

자기의로부터 돌이키는 회개

회개하기 전의 인간은 무화과 잎으로 자신을 가리려 하고, 자기 의무를 다함으로써 자신을 온전케 하려고 애쓴다. 자신을 신뢰하고 자기의自己義를 세우고 자기가 조종할 수 있다는 생각을 의지하면서도 하나님의 의義에는 순종하지 않는다. 하지만 회개하여 변화된 사람은 자기의 의를 누더기 옷처럼 여긴다. 그는 마치 더러운 거지의 옷을 벗어던지듯 자기의 의를 벗어던진다. 심령이 가난해진 그는 자신에 대해 불평하고 정죄하기 시작한다. 그에게 남은 것이라고는 "곤고한 것과 가련한 것과 가난한 것과 눈먼 것과 벌거벗은 것"(계 3:17)밖에 없다.

그가 거룩하다고 여겨왔던 것들이 알고 보니 거대한 죄악덩어리라는 것을 깨닫는다. 한때 우상시했던 자기의가 오물이자 실패작이라는 것을 깨닫고 다시는 돌아가려고 하지 않는다. 대신 그리스도의 의를 금보다 더 귀하게 여긴다. 무슨 일을 하든지 그리스도께서 자신의 인격을 의롭게 해주시고 행함을 거룩하게 해주셔야 한다는 것을 알게 된다.

주님 없이는 살 수도 없고 기도할 수도 없다. 그분이 동행해주지 않으시면 하나님 앞으로 나아갈 수가 없다. 그리스도를 의지하기 때문에 하나님의 집에서 엎드려 경배한다. 그리스도 없이 멸망을 향해 달려가는 사람들을 구원하기 위해 자신을 낮춘다. 나무의 뿌리가 나무를 견고하게 세우고 영양분을 공급하기 위해 땅속에서 멀리 퍼져나가듯 그의 생명은 그리스도 안에 감춰져 있다. 회개하기 전에 그리스도에 대한 이야기는 진부하고 재미가 없었지만, 회개한 후에는 너무나 달콤하다.

어거스틴이 회심回心 전에는 키케로(M. T. Cicero, BC 106~43. 로마의 정치가이자 철학자)에게 매료되었지만, 회심한 후에는 그에게 좀처럼 흥미를 느끼지 못했다. 키케로의 글에는 그리스도가 나오지 않기 때문이다. 어거스틴은 숨도 쉬지 않고 단숨에 "오, 그리스도시여! 이 세상 무엇보다 지극히 아름답고, 사랑스럽고, 친절하시고, 인자하시고, 고귀하시고, 그립고, 자애로우시고, 매력적인 분이시여!"(《명상록》 37장)라고 외쳤다. 한마디로 회심한 사람들은 순교자들처럼 "오직 그리스도밖에 없습니다!"라고 고백하게 마련이다.

회개는 성부와 성자와 성령께로 돌이키는 것이다

회개한 사람은 삼위일체 하나님을 충만하고 영원한 복으로 여긴다. 하나님을 자기의 분깃과 지고선至高善으로 여기고 다른 무엇보다도 그분께 마음을 쏟을 때 비로소 거룩해진다. 신자의 마음에서는 다음과 같은 고백들이 자연스럽게 흘러나온다.

> 여호와는 나의 분깃이시니 시 119:57

> 내 영혼이 여호와로 자랑하리니 시 34:2

> 나의 영혼이 잠잠히 하나님만 바람이여 … 오직 저만 나의 반석이시요 나의 구원이시요 나의 산성이시니 … 내 힘의 반석과 피난처도 하나님께 있도다 시 62:1,2,7

당신이 회개했는지 아닌지 확인하고 싶은가? 그렇다면 당신의 영혼과 당신의 온 힘을 쏟아 이제부터 내가 하는 말에 귀 기울여라.

당신은 하나님을 당신의 행복으로 여기는가? 당신 마음의 소원이 어디를 향하고 있는가? 당신을 가장 만족시키는 것은 무엇인가? 아브라함처럼 눈을 들어 동서남북을 둘러보라. 그리고 이 천지天地에서 당신을 행복하게 해주는 것이 무엇인지 찾아보라. 하나님께서 솔로몬에게 하신 것처럼 당신에게 선택권을 주신다면 당신은 무엇을 구하겠는가? 아하수에로 왕이 에스더에게 말한 것처럼 "너의 소원이 무엇이냐? 네가 무엇을 구하느냐? 내가 허락하겠노라"라고 하나님께서 당신에게 말씀하신다면 무엇이라고 답하겠는가?

쾌락의 동산으로 가서 그곳에 있는 향기로운 꽃을 다 따면 만족하겠는가? 금은보화가 산더미처럼 쌓인 곳에서 원하는 만큼 가져오기를 원하는가? 적군의 요새를 점령하여 의기양양하게 전리품을 챙기기를 원하는가? 큰 명예를 얻어 이 세상의 위인들 중 하나로 칭송받기를 원하는가? 이런 것들 중 어느 하나, 아니 이 모두를 얻을 수 있다면 스스로 만족하고 행복하다고 여기겠는가? 그렇다면 당신은 육욕적이고, 회개하지 않은 것이다.

만일 그렇지 않다면, 앞으로 더 전진하고 하나님의 은혜의 바다로 더욱 깊이 들어가고, 그분의 자비의 동산에서 뛰놀고, 능력의 품에 안기고, 부족함 없고 헤아릴 수 없는 그분의 완전하심 안에 거하라. 이렇게 하는 것이 당신에게 지극히 편하고 즐거운가?

당신은 "나는 하나님과 함께 있는 것이 좋으니 하나님 곁에 장막을 치고 살다가 죽으리라"라고 말할 수 있는가? 온 세상을 다 준다고 해도 그분을 포기하지 않겠다는 마음이 있는가?

만일 그렇다면 당신과 하나님 사이에는 아무 문제가 없는 것이다.

당신은 복된 사람이다! 이 세상에 태어난 것을 저주가 아닌 축복으로 여길 자격이 있는 사람이다. 하나님 때문에 행복할 수 있는 사람이라면 정말 행복한 사람이다. 하늘과 땅의 주인을 당신의 하나님으로 삼았기 때문이다.

그리스도께서 당신에게 "네 아버지가 내 아버지가 되시고, 네 하나님이 내 하나님이 될 것이다"라고 말씀하신 것처럼 당신도 그리스도께 똑같이 말씀드릴 수 있는가? 이것이 시금석試金石이다! 회개하지 않은 사람은 하나님 안에서 안식을 누리지 못한다. 그러나 회개케 하는 은혜는 우리에게 이런 안식을 줄 수 있다. 우상을 섬기던 마음을 살아 계신 하나님께 돌림으로써 타락으로 인한 치명적인 비극을 치유해준다.

회개한 사람은 "주여 영생의 말씀이 계시매 우리가 뉘게로 가오리이까"(요 6:68)라고 고백할 수 있으며, 영생의 말씀이 있는 곳에 자리를 잡고 정착한다. 그곳이 하늘나라로 들어가는 입구이다. 그의 관심은 하나님께로 향한다. 그 나라로 들어가는 입구를 발견하면 "내 영혼아 네 평안함에 돌아갈지어다 여호와께서 너를 후대하심이로다"(시 116:7)라고 말할 수 있게 된다.

심지어 시므온처럼 "주재여 이제는 말씀하신 대로 종을 평안히 놓아주시는도다"(눅 2:29)라고 찬양할 수 있고, 죽은 줄 알았던 요셉이 살아 있다는 기쁜 소식을 들은 야곱처럼 "족하도다"(창 45:28)라고 말하게 된다. 그는 하나님의 구원의 언약이 자기를 위한 것임을 깨닫고 "하나님이… 나의 모든 구원과 나의 모든 소원을 어찌 이루지 아니하시랴"(삼하 23:5)라고 담대히 선언할 수 있게 된다.

당신도 이렇게 선언할 수 있는가? 이런 체험을 했는가? 그렇다면 당신은 주께 복을 받은 사람이다! 하나님께서 당신에게 구원의 일을 이루신 것이다. 하나님이 회개의 은혜로 당신의 마음을 완전히 사로잡으신 것이다. 그렇지 않다면 당신에게서 이런 선언과 체험이 나올 수 없다. 그렇다면 회개한 사람은 어느 쪽으로 향하게 될까?

회개한 사람은 그리스도를 향한다

그리스도는 하나님과 인간 사이의 유일한 중보자이시며(딤전 2:5) 우리를 하나님께로 인도하신다(벧전 3:18). 그리스도는 아버지께로 가는 유일한 길이시며(요 14:6), 천국으로 들어가는 유일한 문이시다(요 10:9). 우리는 오직 주님을 의지함으로써 지옥을 피할 수 있다.

회개는 그리스도를 유일한 생명의 길, 구원의 길, 하늘 아래에서 유일한 이름으로 받아들이게 한다. 우리는 그분이 아닌 다른 어떤 존재에게서 구원을 얻으려고 하지 않는다. 오직 그분만을 의지할 뿐이다.

진리를 깨달은 죄인은 이렇게 말한다.

"여기에서 나는 모험을 하겠습니다. 죽으면 죽겠습니다. 만일 죽어야 한다면 여기에서 죽겠습니다. 그러나 주님! 주께서 내게 긍휼의 눈길을 보내시다가 죽는 일은 없게 하소서. 내가 주님을 떠나지 않게 하소서. 주님을 따르다가 포기하는 일이 없게 하소서. 나는 여기에서 한 발짝도 움직이지 않겠습니다. 주께서 나를 죽이신다 할지라도 나는 주님의 문에서 떠나지 않을 것입니다."

이렇게 회개하는 영혼은 그리스도에게 모험을 걸고 그분을 결코 놓지 않겠다고 결심한다. 회개하기 전에는 그리스도를 경시하고 자기의 소유와 친구와 재물을 더 소중히 여겼다. 그러나 이제 그리스도는 그에게 필수적인 음식이요 일용할 양식이요 마음의 생명이요 삶의 반석이시다. 그의 간절한 소원은 그리스도가 자기 안에서 존귀하게 되시는 것이다.

전에는 그리스도를 지극히 사모하는 사람을 보면 마음속으로 '네가 사랑하는 자가 다른 자보다 나은 것이 무엇인가'(아 5:9)라고 비웃었다. 전에 그는 함께 어울려 떠들고 놀 수 있는 친구, 악한 놀이, 세속적 쾌락이 그리스도보다 더 좋았다. 종교를 환상이나 한가롭고 즐거운 잡담거리로 여겼다. 그러나 이제 그는 "내게 사는 것이 그리스도이시니"(빌 1:21)라고 고백한다. 전에 귀중하게 여기던 모든 것을 배설물처럼 생각한다. 그리스도를 아는 지식이 얼마나 귀한지 알았기 때문이다.

회개한 사람은 그리스도의 모든 것을 받아들인다. 그리스도께서 주시는 상급뿐만 아니라 그 일 자체를 좋아한다. 그분이 주시는 유익과 짐을 지는 것 또한 좋아한다. 그는 곡식을 밟아 탈곡脫穀하고 멍에를 메는 것도 좋아하며 그리스도의 계명을 따라 그분의 십자가를 진다.

온전히 회개하지 않은 사람은 그리스도를 절반만 붙든다. 그리스도의 구원을 환영하지만 거룩하게 살라는 명령은 반기지 않는다. 그리스도께서 주시는 특권은 환영하지만 인격을 본받지는 못한다. 주님이 요구하시는 의무와 유익을 분리해서 생각한다. 이것은 뿌리부터 잘못된 생각이다. 당신은 생명을 얻기 원하는가? 그렇다면 내 말을 건성으로 듣지 말라. 구원에 관한 잘못된 생각은 모든 것을 망쳐놓는다.

당신은 이런 실수에 대해 종종 경고를 받았을 것이다. 이런 실수는 아주 빈번히 일어난다. 예수님의 이름은 아름답지만 사람들은 그분을 진정으로 사랑하지 않는다. 하나님께서는 주님을 '임금과 구주'(행 5:31)로 삼으셨지만, 사람들은 그대로 받아들이지 않는다. 하나님께서 하나로 합치신 왕과 제사장의 직분을 분리한다. 그들은 그리스도께서 주고자 하시는 구원을 받아들이지 않고 구원을 둘로 쪼갠다.

또한 사람들은 '고통으로부터 구원받는 것'은 환영하지만 '죄를 짓는 것으로부터 구원받는 것'을 원하지는 않는다. 자신의 삶이 구원받기 원하면서도 여전히 정욕을 버리지 않는다. 많은 사람들이 모순된 모습을 보인다. 죄의 일부를 버리는 것은 만족하지만, 결코 들릴라의 무릎에서 떠나거나 헤로디아와 이혼하지는 못한다. 죄를 범하는 오른손을 잘라버리거나 오른쪽 눈을 빼어 내버리지도 못한다. 바로 이 점을 깊이 생각해야 한다. 여기에서 당신의 영혼이 살기도 하고 죽기도 하기 때문이다.

온전히 회개한 사람은 그리스도를 전부 받아들인다. 그리스도의 모든 뜻과 목적을 예외 없이, 한계 없이, 주저함 없이 받아들인다. 주님이 어떤 조건을 제시하시더라도 그 조건에 따르면서 받아들인다. 구원뿐만 아니라 주님의 지배도 받아들이는 것이다. 바울처럼 "주여, 제가 무엇을 하오리이까?"라고 묻고, 주님의 말씀이라면 무엇이든 하겠다고 결심한다. 백지 위에 주께서 원하시는 조건을 모두 쓰실 수 있게 해드린다.

회개한 사람은 그리스도의 율법과 규례와 방법으로 돌이킨다

회개하기 전에는 율법과 규례를 거부하고 너무 엄격하고 가혹하다고 여겼던 사람이라도 회개하면 그것을 좋아하게 된다. 그리고 이것들을 영원한 표준과 안내자로 삼는다.

하나님께서는 진정으로 회개한 사람 안에서 그리스도의 율법과 방법과 관련하여 네 가지 일을 이루신다. 이것으로 당신의 상태를 점검해볼 수도 있다. 당신의 마음을 잘 살펴서 정직하게 평가해보라.

첫째, 판단력

회개한 사람의 판단은 그리스도의 율법과 규례와 방법을 인정하고, 그것들이 가장 의롭고 합리적이라고 동의한다. 전에 그분의 방법이 비합리적이고 독선적이라고 생각했던 편견에서 벗어나 주님의 방법을 반긴다. 그리고 그 법이 거룩하고 의롭고 선하다는 데 동의한다(롬 7:12). 다윗이 하나님의 율법의 우수성에 얼마나 열광했는가! 그는 율법의 본질적 가치와 놀라운 효과에 대해 상세하게 묘사했다(시 19:8-10).

이성의 판단에는 객관적인 판단과 주관적인 판단이 있다. 객관적 판단은 개인의 입장이나 상황에 관계없이 일반적으로 그 판단이 최선이라고 믿는 것이다. 경건한 사람은 하나님의 길이 옳다고 판단하는데, 이것은 자신과 무관하게 판단하는 객관적 판단에 그치지 않고 자신을 결부시키는 주관적 판단이기도 하다. 그는 하나님의 길이 객관적, 주관적으로 옳다고 판단한다. 경건의 규례들을 용납할 뿐만 아니라 그것들을 적극적으로 원한다. 금 곧 정금보다 더 원한다!

경건한 사람은 거룩하고 순전한 것이 최고이며, 본질적으로 가장 적절한 길이며, 가장 지혜롭고 합리적이고 바람직한 선택이라고 판단한다. 경건한 사람이 어떻게 판단하는지 들어보자.

> 여호와여 내가 알거니와 주의 판단은 의로우시고 … 그러므로 내가 주의 계명을 금 곧 정금보다 더 사랑하나이다 그러므로 내가 범사에 주의 법도를 바르게 여기고 모든 거짓 행위를 미워하나이다 시 119:75,127,128

하나님께서 요구하시는 것은 모두 찬성하고 금하시는 것은 모두 거부하는 것에 주목하라.

> 여호와여 주는 의로우시고 주의 판단은 정직하시니이다 주의 명하신 증거는 의롭고 지극히 성실하도소이다 … 주의 말씀의 강령은 진리오니 주의 의로운 모든 규례가 영원하리이다
> 시 119:137,138,160

그가 하나님의 율법에 전적으로 기꺼이 동의하는 것을 보라! 그는 율법의 모든 규례에 진심으로 동의한다.

둘째, 마음의 소원

회개한 사람의 소원은 그리스도의 온 마음을 아는 데 있다. 자기에

게 죄가 있다면 하나라도 그냥 덮어두려 하지 않고, 자기의 의무라면 하나도 잊지 않으려고 한다. 거룩한 마음을 갖게 된 사람에게서는 이런 고백이 저절로 나온다.

"주여, 내 안에 악한 것이 있다면 그것을 보여주소서. 제가 모르는 것을 가르쳐주소서. 제가 악을 행하였다면 앞으로는 그렇게 하지 않겠습니다."

회개하지 않은 사람은 자신의 죄에 대해 눈을 감으려고 하며 빛으로 나오기를 싫어한다. 이런저런 죄들을 버리지 않으려고 하고, 죄라고 인정하기 싫어한다. 창문을 통해 진리의 빛이 들어오지도 못하게 한다. 그러나 은혜를 받은 사람은 창조주의 율법의 깊이와 넓이를 온전히 알려고 한다. 전에 알지 못했거나 신경 쓰지 않았던 의무를 깨닫게 해주고 숨은 죄를 드러내는 말씀을 적극적으로 받아들인다.

셋째, 자유롭고 단호한 의지

회개하지 않은 사람은 죄의 쾌락과 세상적 번영을 좋아하지만, 회개한 사람은 자유롭고 단호한 의지로 그리스도의 길을 선택한다. 고민 끝에 그리스도의 길에 억지로 동의하거나 갑작스럽고 성급하게 결단을 내리는 것도 아니다. 의지적으로 결정을 내리고 자유롭게 선택한다. 육신이 저항하는 것은 사실이지만, 그의 의지는 그리스도의 율법과 통치를 좋아한다. 그래서 율법과 통치를 부담으로 여기지 않고 복으로 여긴다.

거룩하게 되지 못한 사람은 쇠사슬과 족쇄에 매인 것처럼 억지로 그리스도의 길을 가지만, 진정으로 회개한 사람은 마음에서 우러나와 그 길을 가며 그리스도의 율법을 자기의 자유로 여긴다. 거룩함이 주는 유익을 기뻐하고, 거룩한 사람에게서 반드시 나타나는 표를 드러낸다. 세상에서 엄청난 성공과 번영을 누릴 기회가 주어진다 해도 그것을 마다하고 엄격하고 거룩한 삶을 선택한다.

> 사울도 기브아 자기 집으로 갈 때에 마음이 하나님께 감동된 유력한 자들은 그와 함께 갔어도 삼상 10:26

하나님께서 택한 자들의 마음에 감동을 주시면 그들은 즉시 그리스도를 따른다. 그들은 자유로이 따르고, 기꺼이 헌신하여 섬기고, 온 마음을 다해 찾는다. 두려움도 때로는 쓸모가 있다. 하지만 거룩하게 된 사람들을 행함으로 이끄는 주된 원동력이 될 수는 없다. 그리스도께서는 자신을 따르는 사람들을 강제적으로 움직이지 않으시고 기꺼이 따르게 하신다.

그리스도의 은혜에 힘입은 자들은 자발적으로 헌신하여 섬긴다. 노예의 위치에서 섬기지 않고 하나님의 자녀로, 그리스도의 신부新婦로서 자발적인 선택에 따라 섬긴다. 그들의 헌신은 사랑과 충성심에서 우러나오는 헌신이다. 즉, 회개한 사람은 그리스도의 율법을 사랑하고 기뻐하고 계속 연구한다.

넷째, 삶의 방향

회개한 사람의 삶은 하나님의 율례를 준수하는 쪽으로 달려간다. 하나님과 동행하는 것에 날마다 신경 쓰면서 살아간다. 비록 그에 많이 못 미치더라도 그는 큰일들을 추구하고 고상한 목표를 품고 산다. 오직 완전함을 목표로 계속해서 달린다. 죄를 전부 없애고 완전한 성결에 이를 때까지는 결코 쉬지 않는다(빌 3:11-14).

바로 이 점에서 위선자의 썩은 것이 드러난다. 그는 성결을 원하지만 천국에 들어갈 수 있을 만큼만 원한다. 그는 "내가 회개하기 위해 감당해야 할 최소한의 것이 무엇인가?"라고 진지하게 묻는다. 그는 천국에 갈 수 있을 만큼의 성결만을 원하고 그 이상은 신경 쓰지 않는다.

그러나 진정 회개한 사람은 천국에 가기 위한 성결을 원하지 않고 성결이 좋아서 성결을 원한다. 지옥을 면하는 정도에 만족하지 않고 최고의 것을 원한다. 그러나 원하는 것만으로는 충분하지 않다. 당신의 생활 방식과 방향은 어떠한가? 삶의 목표와 방향이 바뀌었는가? 거룩이 당신의 목표이고, 경건이 당신의 일과日課인가? 그렇지 않다면 당신은 참된 회개에 이르지 못한 것이다.

내가 이렇게 말하니까 "구원받기 위한 필수적인 회개가 이런 것인가?"라고 물을는지 모르겠다. 그렇다면 분명히 알라! 생명으로 인도하는 문은 좁고 그 길은 협착하다. 그렇기 때문에 그곳을 찾는 사람이 아주 적고, 죄인을 그리스도에게 인도하여 회개와 구원에 이르게 하려면 하나님의 능력이 필요하다.

당신을 살피라는 나의 권면을 받아들여라. 당신의 양심이 무엇이라고 말하는가? 당신을 고발하는가? 당신이 행할 때마다 당신을 찌르지 않는가? 내가 이제까지 언급한 회개한 사람의 판단과 선택과 경향이 당신에게서도 나타나는가? 만일 그렇다면 감사한 일이다! 그러나 당신의 마음이 당신을 계속해서 정죄하는가? 양심에 거리끼면서도 버리지 못한 특정 죄와 간직하고 싶은 은밀한 악 그리고 당신이 외면한 의무들을 고발하는가?

당신의 양심이 당신을 기도골방으로 몰고 가지 않는가? 기도골방에서 기도하고 말씀을 읽는 일이 너무 적다고 책망하지 않는가? 가족에 대한 의무를 게을리 한다고 비난하지 않는가? 하나님의 명령을 생각나게 하지 않는가? 당신의 자녀를 위해 힘쓰지 않는다고 꾸짖지 않는가? 당신의 일터에서 당신이 행하는 악을 보여주지 않는가? 술집에서 당신이 함께 어울리는 질이 나쁜 사람들을 보여주지 않는가? 그런 곳에서 귀한 시간과 재능을 낭비한다고 질책하지 않는가? 당신을 은밀한 골방으로 데리고 가서 당신에게 유죄판결을 내리지 않는가?

양심이여, 네 의무를 다하라! 살아 계신 하나님의 이름으로 명하노니 네 책임을 완수하라. 이 죄인을 꽉 붙잡아 꼼짝 못하게 가두고 그의 허물을 일깨워라. 계속 죄 안에서 살고 있는 그에게 아첨하고 살살 달래려는가?

양심이여, 깨어나라! 잠자는 양심이여, 어찌하려는가? 네 입술에 책망의 말이 없는가? 죄인이 하나님과 영원한 천국을 경시하고 죽음으로 달려가는데 침묵을 지키겠다는 말인가? 계속 죄 가운데 사는데도 그냥 내버려두려는가?

양심이여, 일어나 네 일을 하라! 가슴속 설교자가 외치게 하라. 크게 외쳐라. 자제하지 말라. 나팔소리처럼 목소리를 높여라. 그 영혼의 피에 대해 네가 책임지는 일이 없도록 하라.

CHAPTER 03

당신은 생명 얻는
회개를 한 적이 있는가?

회개의 문을 통과하지 않고 천국에 들어간 사람은 지금까지 아무도 없었고, 앞으로도 그럴 것이다.
회개는 높은 수준의 신앙에 오른 일부 그리스도인들의 전유물이 아니다.
구원받은 사람 누구나 겪어야 할 과정이다.

아마 당신은 내게 "어찌하여 당신은 내 마음에 이토록 동요를 일으키는가? 어찌하여 이토록 나를 열심히 따라다니면서 '회개하라'는 소리를 끊임없이 반복하는가?"라고 묻고 싶을 것이다. 그러나 나는 룻이 나오미에게 말한 것처럼 "나로… 돌아가라 강권하지 마옵소서"(룻 1:16)라고 당신에게 이르고 싶다.

회개의 문을 통과하라

만일 당신이 회개에 무관심하고도 천국에 무사히 들어갈 수 있다면 내가 당신을 이렇게 귀찮게 할 필요는 없을 것이다. 하지만 당신이 멸망을 향해 달려가는 것이 보이는데 어찌 그냥 내버려둘 수 있겠는가? 당신이 회개하지 않으면 내가 당신을 천국에서 만날 가능성은 없다. 당신이 완전히 돌이켜 하나님께 복종하고 거룩함과 새 생명 가운데 살지 않으면, 당신이 구원받을 가망성은 전혀 없는 것이다.

예수께서는 "사람이 거듭나지 아니하면 하나님나라를 볼 수 없느니라"(요 3:3)라고 말씀하셨다. 당신은 사역자들이 당신을 위해 그토록 수고하고 애쓰는 이유를 아직도 이해하지 못하는가? 나는 당신이 거룩한 삶을 살면서 그리스도의 형상을 닮아가기를 간절히 바란다. 나의 이런 소원을 이상하게 여기지 말라.

'회개의 문'을 통과하지 않고 천국에 들어간 사람은 지금까지 아무도 없었고, 앞으로도 그럴 것이다. 회개는 높은 수준의 신앙에 오른 일부 그리스도인들의 전유물이 아니다. 구원받은 사람 누구나 겪어야 할 과정이다.

어떤 로마 귀족이 기근에 시달리는 도시로 급히 곡식을 가져가야 할 입장이었다. 하지만 선원들이 날씨가 사납다고 하면서 출항을 주저하자 그는 "지금 우리에게 필요한 것은 사는 것이 아니라 출항하는 것입니다"라고 말했다고 한다. 지금 당신에게 필요한 것이 무엇인가? 빵인가? 호흡인가? 물론 이런 것들이 필요하겠지만 가장 필요한 것은 바로 '회개'이다. 사실, 회개만이 필요하다.

당신의 재산은 필수적이지 않다. 값진 진주를 사기 위해서라면 당신의 재산을 다 팔 수도 있다. 당신의 목숨도 필수적인 것이 아니다. 그리스도를 위해 목숨을 버리면 영원한 생명을 얻기 때문이다. 당신의 명예도 필요 없다. 그리스도의 이름을 위해 수치를 당한다 해도 당신은 얼마든지 행복할 수 있다. 세상적인 명예를 얻는 것보다 그리스도를 위해 수치를 당하는 것이 훨씬 더 행복하다. 당신에게 정말 필요한 것은 회개이다. 회개가 없으면 구원도 없기 때문이다. 이토록 중요한 일에 관심을 쏟는 것이야말로 정말 중요한 일이 아닌가? 이에 따라 영원을 얻을 수도 있고 잃을 수도 있다.

그렇다면 당신이 왜 회개해야 하는지 생각해보자.

회개하지 않으면 당신의 존재가 소용없다

당신이 아무짝에도 쓸모없고 이 땅에 유익은 못 주면서 짐만 되며, 우주에 붙은 혹 같은 존재라면 얼마나 슬픈 일인가! 당신이 회개하지 않았다면 당신은 바로 이런 불쌍한 존재에 불과하다. 당신이 존재 목적을 저버린 것이기 때문이다. 당신이 창조된 이유는 하나님을 기쁘시게 해드리기 위함이다. 하나님은 하나님 자신을 위해 당신을 만드셨다.

당신은 사람인가? 당신에게 이성理性이 있는가? 그렇다면 당신이 어떻게 존재하게 되었고, 왜 존재하는지를 생각해보라. 당신의 육신을 통해 나타나는 하나님의 솜씨를 보라. 그리고 왜 당신 같은 존재를 만드셨는지 스스로에게 물어보라. 하늘로부터 주어진 당신의 고귀한 능력들을 생각해보라.

무엇을 위해 하나님이 그런 것들을 당신에게 주셨는가? 오직 당신 자신을 즐겁게 하고 당신의 오감五感을 만족시키라고 주셨는가? 제비들처럼 막대기 몇 개와 진흙을 모아서 둥지를 만들고 새끼들을 키우다가 떠나라고 당신을 이 세상에 보내셨는가? 인생이 그런 것이 아니라는 것쯤은 불신자들도 안다. 당신은 신묘막측하게 지음 받았다(시 139:14). 그런데도 당신은 자신의 존재 목적을 외면할 것인가? 분명히 알라! 당신은 고귀하고 고결한 목적을 위해 창조되었다.

당신의 이성을 잠시 쉬게 하고 내 말을 들어보라. 인간 같은 멋진 존재가 헛되이 만들어졌다고 생각하면 참으로 슬픈 일이다! 당신이 하나님을 위해 존재하지 않는다면 당신의 존재 가치는 실로 헛되다. 차라리 존재하지 않는 편이 더 낫다. 당신은 당신의 창조 목적에 충실하겠는가? 당신은 회개해야 한다. 그렇지 않으면 당신에게는 아무 목적도 없이 악한 목적만 남게 된다.

당신에게는 아무 목적도 없다. 회개하지 않은 자는 줄이 끊어졌거나 조율되지 않은 악기와 같다. 살아 계신 하나님의 영이 중생重生의 은혜를 통해 악기를 수리하고 음을 맞추고, 은혜의 능력으로 아름다운 소리를 내게 하셔야 한다. 그렇지 않으면 당신의 기도는 공허한 부르짖음에 불과하고, 당신의 모든 봉사는 지극히 높으신 분의 귀에 아름다운 음악이 되지 못할 것이다. 당신이 가진 모든 능력은 철저히 부패했기 때문에 죽은 행실들로부터 정결케 되지 못하면 살아 계신 하나님을 결코 섬길 수 없다. 거룩하게 되지 못한 사람은 하나님의 일을 할 수 없다.

회개하지 않은 자는 의義의 문제에서 무력하듯이 행함의 문제에서도 무력하다. 경건의 원리에 깊은 신비가 있듯이 경건의 실천에도 깊은 신비가 있다. 거듭나지 못한 사람은 하늘나라의 비밀을 모른다. 알파벳을 배운 적이 없는 사람이 글을 읽을 수 없고, 악기를 만져본 적이 없는 사람이 훌륭한 음악을 연주할 수 없다. 이와 마찬가지로 거듭나지 못한 사람은 주님을 기쁘시게 해드리는 일을 할 수 없다.

거듭나지 못한 사람은 먼저 하나님의 가르침을 받아야 하고(요 6:45), 기도하는 법을 배워야 하고(눅 11:1), 유익한 존재가 되도록 가르침을 받아야 하고(사 48:17), 걷는 법을 배워야 한다(호 11:3). 그렇지 않으면 하나님을 기쁘시게 해드리는 방법에 대해 완전히 무지할 수밖에 없다.

또한 회개하지 않은 자의 마음은 너무나 약하고 쉽게 지쳐서 하나님을 기쁘시게 해드릴 수 있는 힘이 없다. 안식일을 매우 피곤하게 여긴다. 힘이 없으며, 죄 가운데 죽어 있다(겔 16:30 ; 말 1:13 ; 롬 5:6 ; 엡 2:5). 회개하지 않은 자는 하나님의 길을 알려고 하지 않는다(욥 21:4). 그 길을 알지도 못하고 알고 싶어 하지도 않는다(시 82:5). 알지도 못하고, 관심조차 없다.

연장 없이 대리석을 자를 수 없고, 물감이나 붓 없이 그림을 그릴 수 없고, 자재 없이 건물을 지을 수 없는 법이다. 마찬가지로 성령님이 주시는 은혜 없이는 하나님을 기쁘시게 해드릴 수 없다. 이런 것들이 하나님의 일을 위한 도구요 재료이기 때문이다. 하나님을 향한 사랑에서 우러나오는 구제가 아니면 그것은 그분을 섬기는 것이 아니라 인간의 헛된 영광을 구하는 것이다.

생명 없는 몸뚱이가 무슨 의미가 있겠는가? 마찬가지로 마음에 은혜가 없다면 입술의 기도가 무슨 의미가 있는가? 죄를 고백한다 해도 그것이 경건한 슬픔과 거짓 없는 회개에서 나오는 것이 아니라면 무슨 소용이 있겠는가?

하나님께 간구한다 할지라도 거룩한 열망에서 우러나오는 것이 아니라면, 그분의 속성과 약속에 대한 믿음에서 나오는 것이 아니라면 무슨 소용이 있을까? 하나님을 아무리 찬양하고 감사한다 할지라도 그것이 사랑과 거룩한 감사나 베푸신 풍성한 복에 대한 깊은 감사에서 나오는 것이 아니라면 무슨 의미가 있는가? 나무가 말할 수 없고 죽은 자가 움직일 수 없듯이, 회개하지 않은 사람에게는 하나님께서 받으실 만한 거룩한 봉사 자체가 불가능하다. 나무가 악한데 어떻게 열매가 선할 수 있겠는가?

회개하지 않은 사람은 목적 없이 살 뿐만 아니라 악한 목적을 위해 봉사하며 살기도 한다. 이런 사람의 마음은 가증한 새들이 모인 새장이요(계 18:2), 썩은 것들이 가득한 무덤이요(마 23:27), 벌레들이 기어 다니고 하나님께 악취를 풍기는 혐오스러운 시체이다(시 14:3). 정말로 끔찍한 일이 아닐 수 없다! 이런데도 변화가 필요 없다는 말인가?

하나님의 성전에서 거룩하게 사용되던 금 그릇들이 술잔으로 사용되고 우상숭배로 더럽혀졌을 때 그것을 보는 사람들의 마음은 찢어질 듯 아팠다(단 5:2,3). 안티오쿠스(Antiochus, 안디옥에 본거지를 둔 시리아 팔레스타인의 통치자)가 성전 입구에 돼지의 상像을 세워놓았을 때 유대인들은 그것을 지극히 가증스럽게 여겼을 것이다. 그런데 성전이 마구간이나 돼지우리로 변하고 지성소가 바알의 신전처럼 취급당했다면 얼마나 더 가증스러웠겠는가? 거듭나지 못한 사람의 경우가 바로 이렇다! 그는 불의의 도구와 사탄의 종으로 쓰인다. 그의 마음 깊은 곳에는 더러운 것들이 가득하다. 밖으로 나오는 것을 보면 안에 무엇이 있는지 쉽게 알 수 있다.

> 마음에서 나오는 것은 악한 생각과 살인과 간음과 음란과 도적질과 거짓 증거와 훼방이니 마 15:19

이런 끔찍한 것들이 거듭나지 못한 사람에게서 나오는 것을 볼 때 우리는 그의 속마음이 얼마나 더러운지 알 수 있다.

하나님께 지음 받은 존재가 이토록 수치스럽게 변한 것을 볼 때 참으로 견디기 힘들다! 피조물의 영광, 최고의 작품, 이 낮은 세계의 주인인 인간이 탕자처럼 쥐엄 열매로 배를 채우는 것은 정말 비극이다! 진수성찬을 먹던 자가 음식물을 찾아 길거리를 배회하고, 정금과 같은 시온의 귀한 아들들이 토기장이의 질항아리처럼 취급받고, 붉은 옷을 입고 성장한 자들이 이제는 거름더미를 안고 있는 것은 참으로 통탄스러운 일이다!(애 4:2,5)

그러나 이것보다 훨씬 더 통탄스러운 일이 있다. 그것은 이 낮은 세계에서 유일하게 불사성不死性과 하나님의 형상을 가진 존재인 인간이 기쁨 없는 그릇이 되어 더러운 일에 사용되는 것이다. 이것은 정말 참을 수 없는 치욕이다! 인간의 몸이 수치스러운 일에 계속 사용되는 것보다는 차라리 바위에 던져져 산산이 부서지는 것이 낫다.

회개하지 않으면 피조세계도 헛된 것으로 전락한다

하나님께서는 하늘과 땅에 있는 모든 피조물을 인간을 위해 지으셨다. 피조세계에서 인간만이 다른 모든 피조물의 대언자이다. 혀가 당신의 몸을 대표하여 말하듯이 인간은 피조세계의 혀이다. 다른 피조물들은 그들의 창조주를 찬양할 수 없고, 다만 인간에게 대신 찬양해달라고 무언無言의 손짓과 신호를 보낼 뿐이다. 인간은 하나님의 피조세계의 대제사장으로서 동료 피조물들을 대신하여 찬양의 제사를 드린다.

주 하나님은 그분이 만드신 모든 존재들로부터 찬양을 받기 원하신다. 피조세계의 모든 피조물들은 그들의 찬양의 제물을 인간의 손에 쥐여주면서 대신 찬양의 제사를 드려달라고 부탁한다. 그런데 인간이 거짓되고 불성실하고 이기적이라서 찬양의 제물을 중간에서 가로챈다면, 하나님은 자신이 지으신 존재들로부터 실제로 아무런 영광을 받으실 수 없게 된다.

생각만 해도 무서운 일이다! 하나님께서 이토록 아름다운 세상을 만드시고 무한한 지혜와 능력과 선하심을 쏟아 부으셨는데 인간 때문에 모두 허사가 되다니! 인간이 모든 영광을 가로채는 죄를 범하다니! 결코 잊지 말라! 당신이 회개하지 않았다면 피조물들이 당신을 위하는 모든 일이 헛일이 되고 만다. 당신의 음식이 당신에게 영양분을 공급하는 것이 헛되고, 태양이 당신에게 햇빛을 선사하는 것도 의미가 없다. 당신의 옷이 제공하는 따스함도 헛된 것이다. 짐승들이 당신을 태워 이동하는 것도 헛된 일이다.

즉, 온 피조세계가 끊임없이 수고하고 고생하는 것이 적어도 당신에게는 모두 헛된 일이다. 온 피조세계가 당신을 섬기기 위해 힘써 단조롭고 고된 일을 계속하는 것이 헛수고에 불과하다. 그들의 섬김을 받는 당신이 창조주를 섬기지 않기 때문이다. 거룩하게 되지 못한 사람이 만물을 그들의 존재 목적에 어긋나게 정욕의 노예로 만들기 때문에 피조물이 다 함께 탄식한다(롬 8:22).

회개하지 않으면 종교도 헛되다

회개가 없으면 당신의 모든 종교적 행위들은 무의미하다. 종교의 목적이 하나님을 기쁘시게 해드리고 영혼을 구원하는 것인데 회개가 없으면 그 단계에 이르지 못하기 때문이다(롬 8:8 ; 고전 13:2,3). 당신의 종교적 봉사가 겉보기에 아무리 훌륭하다 할지라도 회개하지 않았다면 하나님은 기뻐하지 않으신다(사 1:14 ; 말 1:10). 회개하지 않은 사람이 짐승을 잡아서 제사하는 것은 살인과 다름없고 그의 기도는 가증한 숨결을 내뿜는 것과 다를 바 없다(사 66:3 ; 잠 28:9).

이 얼마나 무서운 일인가! 양심의 가책을 느끼는 사람들 중 많은 이들이 자기의 생활을 고치고 기도와 구제를 하면 모든 것이 괜찮아질 거라고 생각한다. 그러나 착각하지 말라! 마음이 거룩해지지 않으면 겉으로 드러난 행위들은 무용지물이다.

선지자 예후가 얼마나 철저히 하나님의 명령을 실행했는가! 하지만 그의 마음이 하나님 앞에서 바르지 못했기에 그의 모든 수고는 허사가 되었다(왕하 10장 ; 호 1:4). 회개하기 전의 바울은 율법적으로는 철저했지만 회개하지 못했을 때 그의 모든 노력은 허사였다(빌 3:6,7). 사람들은 하나님을 섬기려고 한 자기의 많은 수고가 보답 받을 거라고 생각한다. 하지만 그들 자신이 거룩하게 되지 못했기 때문에 하나님은 그들의 수고를 받지 않으셨다.

당신의 죄들이 당신을 따라다니는가? 그렇다면 당신이 약간 기도하고 당신의 행위를 조금 고친다고 해서 하나님의 진노가 풀린다고 착각하지 말라. 당신의 마음에서부터 시작하라. 당신의 마음이 새로워지지 않으면 하나님께서 기뻐하시지 않는다. 당신을 지극히 불쾌하게 만든 사람이 당신의 화를 풀어준답시고 지극히 혐오스러운 것을 가져오거나 더러운 진흙탕에 담근 몸으로 다가와 포옹하려고 한다면 당신은 받아들이겠는가?

지칠 대로 지친 상태에서 쉬지 못하고 계속 수고해야 하는 것은 정말 고통스러운 일이다. 시인詩人들이 상상력을 총동원하여 만들어낸 시시포스(그리스 신화에 나오는 악한 왕)의 지옥은 바위를 산 위로 올리면 다시 굴러 떨어지고 이를 다시 올리는 과정을 영원히 반복하는 고통스러운 것이었다. 하나님께서 경고하시는 이 세상 최고의 심판은 집을 지어도 그곳에 거하지 못하고 농사를 지으나 추수하지 못하고 수고하나 다른 자들에게 빼앗기는 것이다(신 28:30, 38-41).

이 같은 수고가 물거품이 되는 것은 정말 고통스럽다. 그러나 이보다 훨씬 더 고통스러운 일은 기도하고 말씀 듣고 금식하는 등 경건을 위해 수고한 것이 전부 허사가 되는 것이다. 이것은 파멸이요 영원한 실패이다. 속지 말라. 계속 죄를 짓는다면 당신의 손을 펼지라도 하나님께서 보지 않으실 것이고, 당신이 많이 기도할지라도 듣지 않으실 것이다(사 1:15). 기술도 없는 사람이 일을 맡아 도중에 망쳐놓으면, 그가 아무리 수고했더라도 우리는 그에게 그다지 감사하지 않을 것이다.

하나님께서는 하나님 자신이 원하는 방식에 따라 경배 받기를 원하신다. 종이 한 일이 주인이 원하는 것과 정반대라면 그는 칭찬을 받기는커녕 매질을 당할 것이다. 하나님의 일은 그분의 뜻에 따라 이루어져야 한다. 그렇지 않으면 하나님이 기뻐하실 리가 없다. 거룩한 마음으로 하나님의 일을 해야 기뻐하신다.

회개하지 않으면 당신의 소망도 헛되다

사곡邪曲한 자의 소망은 없어지리니 욥 8:13

네가 의지하는 자들을 나 여호와가 버렸으므로 렘 2:37

회개는 영혼의 안전을 위해 필요할 뿐만 아니라 영혼의 위로를 위해서도 필요하다. 회개하지 않은 사람은 평안을 모른다(사 59:8). 하나님을 두려워하지 않으면 성령님의 위로도 없다(행 9:31). 하나님께서는 오직 자신의 백성과 성도에게만 평안을 주신다(시 85:8). 당신이 계속 죄를 짓는데도 마음이 편하다면 그것은 하나님이 주신 평안이 아니다. 오히려 그 거짓 평안이 어디에서 오는지 알아보아야 한다.

죄는 병病이다(사 1:5). 최악의 병이다. 죄는 머리에 난 문둥병이요(레 13:44), 마음의 재앙이요(왕상 8:38), 부러진 뼈이다(시 51:8). 죄는 찌르고 상처를 주고 고통과 번민을 안겨준다(딤전 6:10). 병세가 극심한 사람이나 뼈가 탈골된 사람에게 평안이 없듯이, 죄를 계속 짓는 사람에게는 위로가 없다.

질병의 치명적 고통만 남고 평안을 모르는 사람은 불쌍한 사람이다. 이를 악물면서도 "나는 괜찮아!"라고 말하는 불쌍한 사람도 있는

데, 이런 사람은 얼굴에 죽음의 그림자가 드리우는데도 자리에서 일어나 일터로 간다. 틀림없이 그 사람은 무덤으로 들어가게 될 것이다. 거룩하게 되지 못한 사람은 자기에게 아무 이상이 없고, 온전하다고 믿기 때문에 의사를 부르지 않는다. 하지만 이 모든 것은 그가 얼마나 위험한 상태에 빠져 있는지를 보여줄 뿐이다.

죄가 영혼 안에서 질병과 불안을 증폭시키는 것은 당연한 일이다. 불만으로 가득한 마음속에서는 끊임없이 격동이 일어난다. 과도한 근심 걱정은 영혼을 갉아먹는 악이다. 정욕은 마음속에 생긴 열병이다. 욕정이 뼈를 태우는 불꽃이 아니고 무엇이란 말인가? 교만은 치명적인 수종水腫이 아니고 무엇인가? 탐욕은 달랠 길 없고 견딜 수 없는 갈증이 아니겠는가? 악의와 시기는 마음속의 독이 아니고 무엇이란 말인가? 영적 게으름은 마음속의 괴혈병이고, 육신적 안락은 죽음에 이르는 혼수상태이다. 이런 온갖 병에 시달리는 영혼이 어찌 위로를 맛볼 수 있단 말인가? 그러나 회개케 하는 은혜는 영혼을 치료하고 편하게 해주어 지속적이고 영원한 평안을 맛보게 해준다.

> 주의 법을 사랑하는 자에게는 큰 평안이 있으니 저희에게 장애물이 없으리이다 시 119:165

> 그 길은 즐거운 길이요 그 첩경은 다 평강이니라 잠 3:17

시편 기자는 궁정에서 맛볼 수 있는 모든 즐거움보다 하나님의 말꿀에서 얻는 즐거움을 무한히 더 크게 여겼다(시 119:103,127). 양심은 온전히 정결케 되기 전에는 평안을 누릴 수 없다(히 10:22). 죄의 길을 떠나지 않는 평안은 저주받은 평안이다(신 29:19,20). 세상의 모든 고통보다 더 두려워해야 할 평안은 '죄와 함께하는 평안'과 '죄 안에 거하는 평안'이다.

회개 없는 구원의 소망은 하나님을 욕되게 하고 당신에게 치명적인 것이다. 이런 소망에는 죽음과 절망과 신성모독이 있다.

그 안에는 죽음이 있다. 당신이 회개하지 않았다면 하나님께서는 당신이 거하는 장막에서 당신을 송두리째 뽑으실 것이요, 당신은 무서움의 왕에게 잡혀갈 것이다(욥 18:14). 당신이 당신의 장막을 의지한다 해도 그 장막은 무너질 것이다. 튼튼하다고 믿었던 집이 무너져 사람을 덮치고 폐허가 되는 것처럼 말이다(욥 8:15). 회개 없는 구원의 소망 안에는 절망이 도사리고 있다.

> 사곡한 자가 이익을 얻었으나 하나님이 그 영혼을 취하실 때에는 무슨 소망이 있으랴 욥 27:8

그러므로 사곡한 자(위선자)의 소망은 영원히 끝나버린다. 물론 의인의 소망에도 끝은 있지만, 그 끝은 멸망이 아니라 완성의 끝이다. 의인의 소망은 열매를 맺으면서 끝나지만, 악인의 소망은 좌절 속에서 끝난다. 경건한 사람은 죽을 때 "다 이루었다"라고 말하지만, 악인은 "이제 망하게 되었구나"라고 말한다. 악인은 죽을 때 욥처럼(물론 욥은 자신의 상태를 오해해서 이렇게 말했다) "사면으로 나를 헐으시니 나는 죽었구나 내 소망을 나무 뽑듯 뽑으시고"(욥 19:10)라고 탄식한다. 그러나 의인은 그 죽음에도 소망이 있다고 말한다(잠 14:32). 의인의 육체가 죽어가도 그의 소망은 살아 있고 그의 몸이 쇠하여도 그 소망은 번성한다. 의인의 소망은 살아 있는 소망이지만 악인의 소망은 죽어가는 소망이요, 지옥에 이르는 소망이요, 영혼을 멸하는 소망이다.

> 악인은 죽을 때에 그 소망이 끊어지나니 불의의 소망이 없어지느니라 잠 11:7

악인의 소망은 끊어진다. 그것은 거미줄로 만든 거미집 같은데, 이 거미집은 죽음에 이르고 결국 모든 것을 멸망시킨다. 악인이 의지하는 것은 영원히 무너질 수밖에 없다.

> 악한 자는 눈이 어두워서 도망할 곳을 찾지 못하리니 그의 소망은 기운이 끊침이리라 욥 11:20

악인은 육신적 소망을 굳게 붙든다. 그에게서 그 소망을 떼어놓는 것은 불가능한 일이다. 그는 손을 펴지 않으며 그것을 결코 놓지 않는다. 그러나 죽음이 찾아와 그의 손가락을 내리쳐서 그것을 떼어놓을 것이다. 우리가 그의 헛된 꿈을 깨뜨릴 수는 없지만 죽음과 심판이 그렇게 할 것이다. 죽음이 쏜 화살이 그의 간을 뚫으면 그의 영혼과 소망

모두 멸망할 것이다. 거룩하게 되지 못한 사람의 소망은 이 세상에서 끝나기 때문에 그는 가장 불행한 사람으로 남고 만다. 죽음이 그를 끝없는 절망의 심연으로 끌어내려 던져버릴 것이다.

회개가 없는 사람의 소망에는 신성모독이 있어서, 계속해서 회개하지 않은 상태로 있으면서 앞으로 구원받을 것이라고 소망하는 것은 하나님을 거짓말쟁이로 만들려는 것과 다름없다. 하나님은 긍휼과 자비의 하나님이시지만 당신이 계속 무지無知와 불의不義 속에 살면 결코 당신을 구원하지 않으실 것이다. 당신이 새로워지지 않으면 당신이 무엇을 하든 어떤 존재가 되든 구원받을 수 없다.

당신은 "하나님은 자비로운 분이시다. 우리가 회개하지 않아도 우리를 구원하실 것이다"라고 말하는가? 이 말은 "우리는 하나님께서 약속을 어기시기를 바란다"라고 말하는 것과 조금도 다르지 않다. 우리는 하나님의 속성屬性들이 서로 충돌하게 만들어서는 안 된다. 하나님은 자신의 진리를 희생하면서까지 자비를 베푸시는 분이 아니다. 이 사실을 알면, 주제넘은 죄인은 영원히 슬퍼할 것이다.

물론 당신이 "우리는 예수 그리스도께 소망을 두고 하나님을 온전히 신뢰하기 때문에 구원받을 것이다"라고 반박할지도 모르겠다. 그러나 당신의 소망은 그리스도 안에 있는 소망이 아니라 그분을 거스르는 소망이다. 거듭나지 않고 하나님나라를 보려는 것, 넓은 길에서 영생을 찾으려는 것은 그리스도가 거짓 선지자이기를 바라는 것이다.

다윗은 "나는 오히려 주의 말씀을 바라나이다"(시 119:81)라고 고백했다. 그러나 회개하지 않은 사람의 소망은 하나님의 말씀을 거스르는 소망이다. 당신은 계속 무지하고 하나님을 위한 일을 불경스럽게 소홀히 하고 있는가? 그러면서도 당신을 구원해주실 거라고 소망하는가? 그렇다면 이런 당신의 소망이 옳다는 것을 증명해주는 그리스도의 말씀을 내게 보이라. 그러면 나는 더 이상 당신을 비판하지 않고 잠잠히 있겠다.

하나님께서는 당신의 헛된 소망을 혐오하고 거부하신다. 구약시대에는 사람들이 선지자에게 책망을 들으면서도 계속해서 죄를 지었다. 선지자는 "오히려 여호와를 의뢰하여 이르기를 여호와께서 우리 중에 계시지 아니하냐 재앙이 우리에게 임하지 아니하리라 하는도다"(미 3:11)라고 그들을 꾸짖었다. 하나님께서는 사람들이 하나님을 의지하는 척하면서 계속 죄짓는 것을 결코 용납하지 않으신다. 여호와께서는 계속 죄 가운데 머물면서도 이스라엘의 하나님에게서 힘을 얻기 바라는 뻔뻔한 자들을, 마치 옷에 붙은 가시나무의 가지를 떨어버리듯이 배척하셨다.

당신의 소망이 가치가 있다면 그것은 당신을 당신의 죄로부터 깨끗하게 할 것이다(요일 3:3). 하지만 계속해서 죄짓는 사람을 감싸주는 소망은 저주받은 소망이다. 당신을 절망에 빠뜨린다고 생각하는가? 분명히 말하지만, 당신은 현재 상태 그대로, 다시 말해서 회개하지 않은 채로 천국에 들어가지 못한다. 거룩함 없이 하나님을 보겠다는 생각을 하지 말라. 그러나 당신이 철저히 회개하면 하나님께서 반드시 당신을 불쌍히 여기실 것이다. 그리고 당신이 하나님께서 정하신 방법을 따른다면 반드시 회개하게 될 것이다.

회개하지 않으면 그리스도께서 이루신 모든 일이 수포로 돌아간다

많은 사람들은 그리스도께서 죄인들을 위해 죽으셨다는 것을 소망의 근거로 내세운다. 그러나 주님은 회개하지 않고 계속해서 죄짓는 죄인들을 구원하기 위해 돌아가신 것이 아니라는 것을 분명히 알라.

어떤 훌륭한 목회자는 개인상담을 할 때 주로 두 가지 질문을 던진다고 한다. "그리스도께서 당신을 위해 무엇을 이루셨습니까?"와 "그리스도께서 당신 안에서 무엇을 이루셨습니까?"라는 질문이다. 성령님의 역사 없이는 그리스도의 구속救贖이 당신에게 구원을 주지 못한다. 주님의 말씀에 따라 분명히 선포하건대 당신이 회개하지 않으면 그리스도도 당신을 구원하실 수 없다.

하나님 아버지와 인간 사이의 중보자이신 그리스도는 아버지의 종이다. 그리스도는 자신이 아버지께 사명을 받았다는 것을 증명하셨고, 아버지의 이름으로 일하셨고, 아버지의 명령을 근거로 내세우며 자신을 정당화하셨다(요 6:38,40, 10:18,36). 아버지께서는 그리스도에게 모든 것을 위탁하시고, 자기의 '영광'과 택한 자들의 '구원'을 그리스도께 맡기셨다(마 11:27 ; 요 17:2). 따라서 그리스도께서는 이 세상을 떠나기 전에 아버지께 받은 책임의 두 부분에 대해 보고하셨다(요 17장).

만일 그리스도께서 회개하지 않은 채 죄에 빠진 사람들을 구원해주신다면 아버지의 영광을 완전히 가리는 것이며, 책임을 저버리는 것이다. 그것은 아버지의 계획을 망치고, 그분의 모든 속성을 위배하는 것이기 때문이다. 그것은 사람들이 거룩해져서 구원에 이르게 하는 하나님의 계획을 무너뜨리는 것이다(살후 2:13). 하나님은 사람들이 거룩하게 되도록 택하셨다(엡 1:4). 그들이 선택 받은 것은 거룩함을 통해 용서와 생명을 얻게 하려 함이다(벧전 1:2).

당신이 하나님의 불변의 계획의 법을 폐지하거나 당신이 아버지께서 인印 치신 분을 타락시켜 그분의 사명을 저버리도록 만들 수 있다면 당신은 회개하지 않고도 천국에 이를 것이다. 그리스도께서 회개하지 않은 사람을 구원하시리라는 소망은 그분이 책임을 저버릴 것을 소망하는 것과 다를 바 없다.

그리스도는 성부 하나님께서 택하여 자신에게 주신 사람들, 즉 소명을 통해 하나님께서 이끌어주신 사람들 외에는 단 한 명도 구원하지 않으셨고, 앞으로도 구원하지 않으실 것이다(요 6:37,44). 분명히 알라! 그리스도는 아버지의 뜻에 어긋나는 방법으로는 그 누구도 구원하지 않으실 것이다. 죄 가운데 머무는 사람들을 구원해준다면 그것은 하나님의 모든 속성들을 무너뜨리는 것이다.

첫째, 하나님의 공의를 무너뜨림

하나님의 심판의 의義는 모든 사람들에게 그들의 행위에 따라 갚아 주는 것이다. 만일 육체를 위해 뿌린 자들이 성령으로부터 영생을 거둔다면 하나님의 공의가 어디에서 빛을 발할 수 있겠는가? 그런 것은 의인들의 업적을 악인들에게 돌리는 것에 불과하다.

둘째, 하나님의 거룩하심을 무너뜨림

하나님께서 단지 죄인을 구원하시는 것이 아니라 계속 죄 안에 머무는 자들까지 구원하신다면, 하나님의 지극히 순결하고 엄격한 거룩함이 완전히 손상되는 것이다. 거룩하게 되지 못한 사람들은 하나님이 보시기에 돼지나 독사보다 못하다. 이런 자들과 그리스도를 함께 있게 둔다면, 그리스도의 무한한 순결함을 철저히 모독하는 것이다. 그들은 하나님의 심판을 견디지 못해서 그분의 존전에 머물 수 없다. 다윗도 그런 자들을 차마 그의 목전이나 집에 두지 못했는데(시 101:3,7) 하나님은 어떠하시겠는가?

만일 하나님께서 그들을 더러운 진흙탕에서 꺼내 곧바로 천국으로 데려 가신다면 세상 사람들은 "하나님께서 죄를 싫어하시고 죄에서 멀리 떨어져 계신다고 들었는데, 사실은 그게 아닌가 보다"라고 말하게 될 것이다. 그리고 세상은 하나님이 자기들과 같은 존재라고 결론 내릴 것이다(시 50:21, 실제로 과거의 어떤 악인들은 하나님의 오래 참으심을 보고 이런 결론을 내리기도 했다).

셋째, 하나님의 진실성을 훼손함

하나님께서는 헛된 생각에 사로잡혀 계속해서 죄를 지으면서도 자기에게 평안이 있으리라 착각하는 자를 향해 노하실 것이라고 하늘로부터 선언하셨다(신 29:19,20). 대신 죄를 자복하고 버리는 자만이 긍휼을 얻을 것이고(잠 28:13), 손이 깨끗하고 마음이 정결한 자들이 그 거룩한 산에 오를 거라고 말씀하셨다(시 24:3,4).

이렇게 선언하셨는데 회개하지 않은 사람을 구원하신다면 그분의 진리가 어떻게 서겠는가? 당신은 그리스도께서 하나님 아버지를 거짓말쟁이로 만들고 구원의 말씀을 폐기하시기를 바라는가? 만일 그렇다면 당신은 절망적인 죄인이다!

넷째, 하나님의 지혜에 어긋남

회개하지 않은 자들을 구원하시는 것은 긍휼의 가치를 모르고 그것을 받을 자격도 없는 자에게 긍휼을 베푸는 셈이다.

이런 사람은 하나님의 긍휼이 얼마나 값진 것인지 알지 못한다. 거룩하게 되지 못한 죄인은 하나님의 큰 구원에 가치를 부여하지 않는다. 건강한 사람이 의사를 귀히 여기지 않듯이 거룩하게 되지 못한 죄인은 그리스도를 소중히 여기지 않는다. 그분의 향유를 하찮게 여기고, 그분의 치료를 얕보고, 그분의 피를 짓밟는다. 이같이 용서와 생명을 주어도 전혀 감사하지 않을 사람에게 긍휼을 베푸는 것은 어리석은 일이다.

> 거룩한 것을 개에게 주지 말며 너희 진주를 돼지 앞에 던지지 말라 저희가 그것을 발로 밟고 돌이켜 너희를 찢어 상할까 염려하라 마 7:6

이렇게 말씀하신 분이 하나님의 거룩한 것과 진주를 죄인에게 던지시겠는가? 만일 그렇게 하신다면 악한 사람들은 하나님의 긍휼을 경멸할 것이다. 사람들에게 생명을 주고 하나님의 영광을 드러내도록 하는 것이 그분의 지혜이다.

또한 사람들의 행복뿐만 아니라 하나님의 영광까지도 지키는 것이 하나님의 지혜이다. 만일 하늘의 기쁨보다 죄의 즐거움을 더 좋아하는 사람들에게 최고의 선물을 안겨주신다면, 그것은 그분 자신을 욕되게 하는 일이다. 만일 은혜를 받을 자격도 없고 원하지도 않는 사람들에게 은혜를 베푸신다면, 그들은 그분의 은혜를 찬양하지 않을 것이고, 그분의 은혜는 영광을 잃을 것이다.

하나님의 자비의 선물들은 회개하지 않은 자들에게 어울리지 않는다. 무릇 짝을 이루는 것들이 서로 어울릴 때 그 속에서 하나님의 지혜가 나타나는 법이다. 예를 들어 목적은 수단과, 목표물은 그것을 얻을 수 있는 능력과, 선물은 그것을 받는 자의 자격과 서로 어울려야 거기에서 하나님의 지혜가 드러난다. 학식이 많은 사람들이 모인 격조 높은 모임에 짐승을 데리고 간다 한들 행복을 느끼겠는가? 다른 짐승들과 함께 마음껏 풀을 뜯어먹을 수 있는 들판을 그리워하지 않을까?

이와 마찬가지로 만일 그리스도께서 거듭나지 못한 죄인을 천국에 데려가신다 할지라도 그들은 그곳에서 행복을 느끼지 못할 것이다. 거룩하게 되지 못한 사람이 천국에서 무엇을 하겠는가? 자기에게 어울리는 것을 찾을 수가 없어서 늘 불만스러워할 것이다. 천국은 그에게 맞지 않는다. 그의 체질에 맞지 않는 곳에서 살려면 매우 힘들 것이다. 마치 물 밖으로 나온 물고기처럼 말이다.

천국에서 마주치는 사람들이 그에게는 왠지 거북살스러울 것이다. 어둠과 빛, 오염된 것과 완전한 것, 비열한 것과 영광스러운 것, 죄와 영생이 어울리겠는가? 거듭나지 못한 죄인은 천국에서 일어나는 일을 피곤하게 여길 것이다. 그곳에서 부르는 찬송가들이 생소하고 낯설 것이다. 당나귀에게 음악을 들려준다고 좋아할까? 당신의 오르간 옆에 세운다고 노래를 부르겠는가? 성가대의 아름다운 곡조에 발장단을 맞출까? 당나귀에게 그럴 말한 기술이 있다 할지라도 당나귀는 그렇게 하지 않을 것이고, 그렇게 하는 것을 즐거워하지도 않을 것이다. 숟가락 들 힘도 없는 환자 앞에 진수성찬을 차려놓는 것은 그를 약 올리는 것밖에 안 된다. 설교가 길다고 불평하고 안식일이 지겹다고 말하는 사람을 천국에 데려다놓은들 그곳의 영원한 안식일이 얼마나 지겹겠는가!

다섯째, 하나님의 전지전능하심과 불변성에 위배됨

마음이 깨끗한 사람만이 하나님을 볼 수 있는 것은 하늘에서 정한 법이요 하늘 법정法庭의 판결이다(마 5:8). 만일 그리스도께서 회개하지 않은 사람을 천국에 데려가시려면, 하나님 모르게 하거나 하나님의 뜻을 거스르거나 하나님의 마음을 바꿔놓아야 한다. 그러나 이는 하나님의 전지전능하심과 불변성에 위배된다.

죄인이여, 당신은 회개하지 않은 상태에서 구원을 얻겠다는 헛된 소망을 아직도 붙들고 있는가? 빌닷은 "너를 위하여 땅이 버림을 당하겠느냐 바위가 그 자리에서 옮기겠느냐"(욥 18:4)라고 말했다.

나는 빌닷보다 더 강하게 말할 수 있다. 하늘의 법이 당신을 위해 폐지되겠는가? 진리의 영원한 기초가 당신을 위해 무너져야 하겠는가? 그리스도께서 당신을 위해 전능하신 성부聖父의 눈을 가리고, 성부의 영원한 능력의 팔을 짧게 하셔야 하겠는가? 당신을 위해 하나님의 공의가 무너지고 그분의 거룩함이 훼손되어야 하겠는가?

이런 일들은 일어날 수가 없다. 이런 일들이 일어날 거라고 믿는 것 자체가 불합리하고 신성모독이다. 그리스도께서 회개하지 않은 당신을 구원하시기 바라는 것은 그리스도를 거짓말쟁이로 만들려는 것이다. 만일 그분이 당신의 소원대로 행하신다면 이 땅의 모든 사악한 자들과 귀신들이 행하는 악보다 더 큰 악을 무한히 존귀하신 하나님께 행하는 셈이 된다. 그런데도 당신은 당신의 불경스러운 소원을 포기하지 않겠는가?

여섯째, 그리스도의 말씀에 어긋남

우리는 "누가 그리스도를 모셔 내리기 위해 하늘에 올라가겠느냐?" 또는 "누가 그리스도를 모셔 올리기 위해 음부에 내려가겠느냐?"라고 물을 필요가 없다(롬 10:6,7). 말씀이 우리 가까이 있기 때문이다(롬 10:8). 당신은 그리스도께서 논쟁에 종지부를 찍으실 것이라고 믿는가? 그분의 말씀을 들어보라.

> 너희가 돌이켜 어린아이들과 같이 되지 아니하면 결단코 천국에 들어가지 못하리라 마 18:3

> 내가 네게 거듭나야 하겠다 하는 말을 기이히 여기지 말라 요 3:7

> 내가 너를 씻기지 아니하면 네가 나와 상관이 없느니라 요 13:8

> 너희도 만일 회개치 아니하면 다 이와 같이 망하리라 눅 13:3

그리스도의 말씀 한마디만으로도 충분하지만, 그분은 반복해서 간절히 말씀하셨다.

> 진실로 진실로 네게 이르노니 사람이 거듭나지 아니하면 하나님나라를 볼 수 없느니라 요 3:3

그리스도께서는 인간이 육신과 죄성罪性으로부터 거듭나야 한다는 것을 인간의 육체적 출생에 근거하여 주장하시고 증명하셨다. 짐승이 왕궁과 어울리지 않듯이 거듭나지 못한 인간은 천국에 들어갈 수 없다는 것이다. 그런데 아직도 당신은 그분의 말씀에 정면으로 위배되는, 근거 없는 확신에 안주하려는가? 다시 말하지만, 만일 그리스도께서 현재 상태에서 벗어나지 못하는 당신을 구원해주신다면 그리스도께서 하늘의 법과 심판의 법칙을 정면으로 위반하는 것이 된다.

일곱째, 그리스도의 맹세에 어긋남

주님은 하늘을 향해 손을 들어 맹세하셨다. 불신앙 가운데 머물며 주님의 길을 모르거나 불순종하는 자들은 하나님의 안식에 들어가지 못한다고 맹세하셨다(히 3:18).

주님이 진심으로 맹세하셨다는 것을 모르는가? 은혜의 언약은 맹세로 확증되고, 피로 인印을 친다. 그런데 만일 거룩하게 되지 못한 채로 살다가 죽은 자들이 구원을 얻는다면, 은혜의 언약은 무효가 되고 천국에 이르는 다른 길을 찾아야 할 것이다.

하나님께서는 자신을 가장 낮추시어 인간에게 최대한의 은혜를 베푸신 것이다. 회개하지 않은 자들이 구원을 받으려면 다른 언약이 세워져야 하고, 엄숙하게 확립된 복음의 진리 또한 완전히 바뀌어야 할 것이다. 그러나 이런 일은 결코 일어날 수 없다. 이런 일이 일어나기를 바라는 사람은 제정신이 아닌 사람이다.

하나님을 욕되게 하지 말라

하나님께서는 죄인을 사랑하시지만 죄는 미워하신다. 그러므로 예수님의 이름을 부르는 자들은 악에서 떠나고 경건치 않은 것을 거부해야 한다. 그리스도에게서 생명 얻기를 소망하는 자들은 그분과 같이 자신을 깨끗하게 해야 한다. 그렇지 않으면, 그분이 죄를 옹호하는 분으로 오해받을 것이다(딤후 2:19 ; 딛 2:12 ; 요일 3:3).

주님은 자신이 죄를 용서하지만 죄를 옹호하지는 않으신다는 것을 온 세상이 알기를 원하신다. 다윗이 "행악하는 너희는 다 나를 떠나라"(시 6:8)라는 말로 행악자들 앞에서 문을 닫았는데, 하물며 거룩하신 그리스도의 기준은 어떠하시겠는가? 개들을 식탁에 초대하거나 돼지를 자녀의 침실에 들어오게 하거나 아브라함의 품에 독사의 둥지를 만든다면 그것은 그분을 욕되게 하는 것이다.

하나님께서는 그리스도를 높여서 임금과 구주로 삼으셨다(행 5:31). 그런데 죄 가운데 있는 자들을 구원해준다면 그것은 왕으로서의 직무와 구주로서의 직무에 어긋나는 것이 된다. 왕은 행악자들에게는 두려움의 대상이 되고 선善을 행하는 자들에게는 찬양의 대상이 된다.

> 그는… 하나님의 사자가 되어 악을 행하는 자에게 진노하심을 위하여 보응하는 자니라 롬 13:4

만일 그리스도께서 죄를 계속해서 범하는 불경건한 자들을 옹호하신다면 그것은 그분의 직무에 위배된다. 만일 그분의 통치를 받기를 원치 않는 자들을 데려다가 함께 통치하도록 허락하신다면 그 또한 직무에 어긋나는 일이다. 그분의 원수들을 발아래 복종하도록 만드셔야 한다.

그런데도 그리스도께서 그들을 품에 안으신다면 그것은 그분의 왕권王權의 목적을 저버리는 것이다. 만민이 왕 앞에 엎드리게 하고 하나님이 택하신 자들의 정욕을 멸하며 마음을 다스리는 것이 왕이신 그리스도의 직무이다(시 45:5, 110:3). 공개적으로 거역하는 반역자들을 궁정으로 불러들일 왕이 있겠는가?

만일 그렇게 한다면 그것은 왕의 생명과 나라와 통치 모두 위험에 빠뜨릴 것이다. 그리스도가 왕이시라면 사람들은 마땅히 그분께 영광과 존귀를 돌리며 복종해야 한다. 그런데 그분을 향한 본능적인 증오심에 사로잡힌 자들을 구원해준다면 그것은 그분의 위엄을 훼손하고,

권위를 무너뜨리고, 그분의 통치를 경멸의 대상으로 만들고, 비싼 값을 치르고 얻은 그분의 권리를 거저 주는 셈이 된다.

만일 그리스도께서 이런 일을 하신다면 그분은 왕도 구주도 되실 수 없다. 그분의 구원은 영적인 것이기 때문이다. 그분이 '예수'라고 불리시는 것은 자신의 백성을 '그들의 죄에서' 구원해주시기 때문이다(마 1:21). 그러므로 그분이 '죄 안에' 계속 머무는 자들을 구원해주신다면 그분은 '주님'도 '예수'도 아니시다. 사람들을 죄의 형벌로부터 구해주면서 죄의 권세에서 건져내지 않는다면 그것도 직무의 절반만 감당하는 것이기 때문에 그분은 완전한 구주가 되실 수 없다.

구원자로서 그분의 직무는 야곱에게서 경건치 않은 것을 돌이키시는 것이다(롬 11:26). 사람들을 죄로부터 돌이켜 복을 주고(행 3:26) 죄를 끝내기 위해 보냄을 받으셨다(단 9:24). 따라서 그리스도께서 회개하지 않은 사람들을 구원하신다면 그분의 계획을 망치고 직무를 저버리는 일이 될 것이다.

지금이라도 회개하라

잠자는 자여, 일어나라! 죄 속에 깊이 빠진 자여, 깨어나라! 그렇지 않으면 죄악이 너를 멸할 것이다. 성문 어귀에 있던 네 명의 문둥병자처럼 "여기 앉아 있어도 죽을지라"(왕하 7:4)라고 말하라. 당신이 지금 지옥 밖에 있는 것은 확실한 사실이지만, 그만큼 확실한 사실이 또 있으니 그것은 회개하지 않으면 지옥에 떨어진다는 사실이다. 당신이 피할 길은 오직 회개뿐이다.

게으른 자여, 일어나 변명을 떨쳐내라. 언제까지 손을 모으고 졸겠는가? 바다 가운데 누운 자처럼, 돛대 위에 누운 자처럼 되려는가?(잠 23:34) 돌이키겠는가 아니면 지옥 불에 타겠는가? 당신은 최악의 결과를 각오하고 전능자全能者와 겨루려는가? 그런 것이 아니라면 빨리 돌이켜라. 자신의 생명을 사랑한다면 일어나 죄의 구덩이에서 빠져나와라. 옛적에 천사들이 롯에게 그랬듯이 주 예수께서 거룩한 자비의 손을 당신에게 강권적으로 뻗어 당신을 끌어당기시는 것이 내 눈에 보이는 것 같다.

> 동틀 때에 천사가 롯을 재촉하여 가로되 일어나 여기 있는 네 아내와 두 딸을 이끌라 이 성의 죄악 중에 함께 멸망할까 하노라 그러나 롯이 지체하매 그 사람들이 롯의 손과 그 아내의 손과 두 딸의 손을 잡아 인도하여 성 밖에 두니 여호와께서 그에게 인자를 더하심이었더라 그 사람들이 그들을 밖으로 이끌어낸 후에 이르되 도망하여 생명을 보존하라 돌아보거나 들에 머무르거나 하지 말고 산으로 도망하여 멸망함을 면하라 창 19:15-17

만일 당신이 계속 죄 가운데 머물겠다고 고집을 부리면 당신의 멸망은 스스로 자초한 것이 된다. 당신은 정당한 경고를 받지 못했다고 변명할 수 없다. 나는 당신을 이대로 내버려둘 수 없다. 내 영혼이 구원받은 것으로 만족할 수 없다. 내 사명을 저버리고 그냥 떠나라고 말하는가? 내가 떠난다면 당신은 일어나 나를 따라오겠는가?

이제까지 줄곧 내가 바람에게 말했는가? 아니면 귀머거리 독사毒蛇의 비위를 맞추기 위해 애썼는가? 물결이 거센 바다를 잔잔케 하려고 설득했는가? 사람에게 말했는가, 목석木石에게 말했는가? 살아 있는 자들에게 말했는가, 죽은 자들의 무덤과 비석에게 말했는가? 당신이 감각 없는 목석이 아니라면, 발걸음을 멈추고 지금 당신이 어디로 가고 있는지를 살펴라.

이성과 이해력이 있다면 두 눈을 뜨고 지옥의 불길 속으로 뛰어들지 말고, 멈추고 생각하고 회개하라. 짐승들도 피하려는 구덩이 속으로 뛰어들겠는가? 이성理性을 타고난 당신이 죽음과 지옥과 전능자의 복수를 하찮게 여기려는가? 장래 일을 예견하여 대비하는 것이 인간이 짐승과 다른 점이 아닌가? 그런데 당신은 경고를 받고도 영원한 고통의 지옥으로 계속 달려가려는가? 당신이 짐승이 아닌 인간이라면 제발 이성적인 선택을 하라!

당신이 창조주에 맞서 싸우는 것이 이성적인 선택인가? '이스라엘의 강한 분'이 거짓말이라도 하셨다는 듯이 그분의 말씀을 부정하는 것이 이성적인 일인가?(사 45:9 ; 욥 9:4 ; 삼상 15:29) 자기의 존재 목적을 망각하고 완전히 거스르며 사는 것이 이성적인 일인가? 하나님의 뜻을 알고 그분께 영광을 돌릴 수 있는 유일한 피조물로 지음 받은 인간이 자기의 창조주를 모르고 섬기지도 않고 그분에 대항하여 비난한다면, 그것은 도리에 어긋난 일이다.

하늘이여, 들어라! 땅이여, 귀를 기울여라! 감각 없는 미물微物들도 판단하라! 하나님께서 먹이고 기르신 인간들이 그분께 반역하는 것이

옳은 일인가? 당신은 스스로 판단하라. 찔레와 가시가 소멸하는 불에 맞서 싸우는 것이 온당한 일인가? 질그릇이 토기장이와 다투는 것이 도리에 맞는가? 도리에 맞는다고 판단한다면, 당신은 이성의 눈이 먼 것이다. 당신은 지금 이대로 가면 안 된다. 즉시 돌이켜 회개해야 한다.

내가 무슨 말을 더 하겠는가? 이런 이야기를 계속한다면 내가 기진맥진할 것이다. 당신이 내 이야기를 경청하고 이제 새로운 길을 걸으면 좋겠다. 깨끗하게 되고 싶지 않은가? 언제 그렇게 되려는가? 차분히 앉아서 내가 이제까지 한 말을 깊이 새겨보라. 돌이키는 것이 최선이 아니겠는가? 당신이 변하지 않고 버티는 것이 좋은 일인지 와서 함께 이야기해보자. 하나님께서 말씀대로 행하실지 아닌지를 시험해보고 싶은가? 당신이 거룩하게 되지 않아도 아무 문제없다는 교만한 생각에 계속 사로잡혀 있는 것이 좋은 일인가?

아, 불쌍한 자여! 결국 당신은 지옥으로 떨어질 텐가? 내가 지금까지 사용한 방법 말고 다른 방법을 사용해야 내 말을 듣겠는가?

> 만군의 여호와께서 이같이 말씀하시되 보라 내가 내 딸 백성을 어떻게 처치할꼬 렘 9:7

"오, 주 하나님! 도우소서. 제가 회개하지 않는 자들을 그대로 내버려두어야 합니까? 그들이 내 말을 듣지 않을지라도 하나님께서는 내 말을 들으십니다. 저는 그들이 주의 목전에서 살기를 원합니다. 그들을 구원하소서. 그렇지 않으면 그들이 멸망할 것입니다. 그들이 깊이 잠들어 있을 때 그들의 집에 불이 나도 내 마음이 아플 텐데, 하물며 그들이 영원한 지옥에 떨어지는 것을 보면 내 마음이 얼마나 찢어지겠습니까? 주 하나님이시여, 그들을 불쌍히 여기시고 불구덩이에서 구하소서. 하나님의 거룩하신 능력을 발휘하면 그 일이 이루어질 것입니다."

CHAPTER 04

회개하지 않은 자는
어떤 죄를 짓는가?

수많은 사람들이 자기의 은밀한 죄 때문에 멸망한다.
이런 죄들은 다른 사람들이 모를 뿐만 아니라 자기성찰의 결여로 자신도 모르게 지은 죄들이다.
공개적으로 드러난 죄가 아니더라도 발견되지 않은 죄 때문에 결국 멸망하게 된다.

　남 이야기를 하듯 막연하게 이야기하면 큰 효과를 거둘 수 없다. 확실한 효과를 보려면 직접 맞붙어 싸워야 한다. 선지자 나단이 다윗 왕에게 비유를 들어 간접적으로 죄를 지적했을 때 다윗은 자기의 잘못을 깨닫지 못했다. 하지만 나단이 그가 바로 죄인임을 노골적으로 지적했을 때 다윗은 잘못을 깨달았다.

　많은 사람들은 중생重生의 필요성을 말로는 부정하지 않지만, 지금 당장 거듭나지 않아도 괜찮다는 착각 속에서 살아간다. 그들은 "나는 종교라는 보호색을 쓰고 다른 사람들을 속이며 나의 사악한 의도를 감추는 비열한 위선자가 아니기 때문에 정직하다"라고 말하지만 자기 속에 더한 위선이 숨겨져 있다는 것을 알지 못한다.

　이런 교묘한 위선은 가장 위험하고 스스로를 속이는 것이다. 인간의 마음은 천부적인 사기꾼이고 착각은 치료하기 힘든 치명적인 질병이기 때문에 당신을 헛된 꿈에서 깨어나게 하는 일은 너무나도 어렵다. 이 일이 절대적으로 필요하다는 것을 잘 아는 나로서도 포기하고 싶은 마음이 들 정도이다.

멸망을 면하는 길

그러나 분명한 것은 회개하지 않은 자들이 이런 꿈에서 깨어나지 않는 한 멸망을 면할 수 없다는 것이다. 그렇다면 어떻게 해야 하는가?

"모든 것을 감찰하시는 빛이시여, 도우소서. 하나님의 분별의 눈으로 보시고, 자신을 속이는 자들의 썩은 뿌리를 폭로하소서. 선지자를 인도하셨던 것처럼 저를 회개하지 않은 자들의 마음속으로 인도하소서. 그들 마음의 벽을 헐고 어두운 곳에 숨어 있는 가증한 것들을 빛으로 이끌어내소서.

베드로에게 천사를 보내셨던 하나님! 제 앞에 천사를 보내서서 그들 마음의 온갖 방들을 열게 하시고, 굳게 닫힌 마음의 철문이 저절로 열리게 하소서. 요나단이 꿀을 조금 맛보았을 때 그의 눈이 밝아졌듯이 지금 이 책을 읽는 자들의 눈이 그처럼 밝아져서 양심의 악을 깨닫게 하소서. 그러면 그들이 눈으로 보고 귀로 듣고 회개할 것입니다. 하나님께서 그들을 고쳐주실 차례입니다."

더 깊이 들어가기 전에 한 가지 분명한 사실을 밝혀두겠다. 인간은 자기의 마음과 상태에 심각한 문제가 있는데도 아무 문제가 없다고 확신할 수 있다. 진리이신 주님이 라오디게아교회에 이렇게 말씀하셨다.

> 네가 말하기를 나는 부자라 부요하여 부족한 것이 없다 하나 네 곤고한 것과 가련한 것과 가난한 것과 눈먼 것과 벌거벗은 것을 알지 못하도다 계 3:17

> 스스로 깨끗한 자로 여기면서 오히려 그 더러운 것을 씻지 아니하는 무리가 있느니라 잠 30:12

사도 바울도 회개하기 전에는 자기에게 아무 문제가 없다고 철석같이 믿었다(롬 7:9). 따라서 자기의 강한 확신이 충분한 증거가 된다고 믿는 사람들은 참으로 가련하다. 자기들이 회개했다는 강한 확신 외에 이렇다 할 증거가 없는 사람들은 아직 회개하지 않은 것이다.

이 문제를 좀 더 자세히 살펴보자. 어떤 사람들의 경우에는 적그리스도의 추종자임을 나타내는 표가 그들의 이마에 있거나 손에 있었다. 그들이 회개하지 못했음을 보여주는 특징들이 그들의 이마에 붙어 있기 때문에 쉽게 드러난다. 이것은 회개하지 않은 자들에게도 그대로 적용된다.

반면에 그런 특징들이 그들의 손 안에 있어서 쉽게 드러나지 않는 사람들도 있다. 사도들은 어떤 사람들에게 사망 선고를 내리면서 그들의 삶의 특징들을 다음과 같이 열거한다. 이에 주목하라.

> 너희도 이것을 정녕히 알거니와 음행하는 자나 더러운 자나 탐하는 자 곧 우상숭배자는 다 그리스도와 하나님나라에서 기업을 얻지 못하리니 누구든지 헛된 말로 너희를 속이지 못하게 하라 이를 인하여 하나님의 진노가 불순종의 아들들에게 임하나니 엡 5:5,6

두려워하는 자들과 믿지 아니하는 자들과 흉악한 자들과 살인 자들과 행음자들과 술객들과 우상숭배자들과 모든 거짓말하는 자들은 불과 유황으로 타는 못에 참예하리니 이것이 둘째 사망이라 계 21:8

불의한 자가 하나님의 나라를 유업으로 받지 못할 줄을 알지 못하느냐 미혹을 받지 말라 음란하는 자나 우상숭배하는 자나 간음하는 자나 탐색하는 자나 남색하는 자나 도적이나 탐람하는 자나 술 취하는 자나 후욕하는 자나 토색하는 자들은 하나님의 나라를 유업으로 받지 못하리라 고전 6:9,10

사도들이 지적한 이런 죄를 범하는 자들에게는 화禍가 있다. 이런 사람들은 자기들이 거룩해지지 못해서 구원받을 가망성이 없다는 것을 이미 마음속으로 알고 있을지도 모른다(마치 하나님께서 하늘로부터 직접 내려와 그들에게 말씀해주신 것처럼).

회개하지 않은
열 가지 부류의 죄인

다음과 같이 회개하지 않은 자들을 열 가지 부류로 나눌 수 있다.
그들에게는 회개하지 못했다는 것을 보여주는 특징이 겉으로 드러난다.

❶ 깨끗하지 못한 자

언제나 염소로 분류될 수 있는 자들이다. 다른 사람들은 몰라도 이들은 앞의 성구들에서 언급한 죄목에 모두 해당한다.

❷ 탐욕스러운 자

우상숭배자라는 낙인을 항상 달고 사는 자들이다. 그들의 이름이 보이면 천국문은 굳게 닫힌다.

❸ 술 취하는 자

이성을 잃을 정도로 술을 마시는 자뿐만 아니라 독주에 강한 자들도 여기에 해당한다. 주님은 이런 자들을 향해 저주의 형벌을 준비하시며 그들이 하나님나라를 유업으로 받을 수 없다고 선언하신다(사 5:11,12,22 ; 갈 5:21).

❹ 거짓말하는 자

거짓말을 하실 수 없는 하나님께서는, 거짓말하는 자는 하나님의 나라에서 자리를 차지할 수 없고 하나님의 거룩한 산에 오를 수 없다고 말씀하셨다. 그들의 운명은 그들의 아비, 즉 거짓의 아비 마귀와 함께 불못에 던져지는 것이다(계 21:8,27 ; 요 8:44 ; 잠 6:17).

❺ 맹세하는 자

무분별하게 맹세하는 자들이 진실하게 속히 회개하지 않으면 확실한 정죄를 면치 못하여 곧 멸망에 빠질 것이다(약 5:12 ; 슥 5:1-3).

❻ 욕하고 험담하는 자

이웃을 비난하기 좋아하고 그의 면전에서 온갖 비열한 말을 쏟아내고 뒤에서 은근히 상처를 주는 자들이 이에 속한다(시 15:1,3 ; 고전 5:11).

❼ 하나님을 경배하는 일을 소홀히 하는 자

이들은 하나님의 말씀을 듣지 않고, 하나님의 이름을 부르지도 않는다. 기도하지 않고, 자기의 영혼과 가족의 영혼을 염려하지 않고, 세상에서 하나님 없이 산다(요 8:47 ; 욥 15:4 ; 시 14:4, 79:6 ; 엡 2:12, 4:18).

❽ 도적질하는 자, 강탈하는 자, 압제하는 자

이들은 기회가 있을 때마다 가난한 자들을 괴롭히고 형제들을 속여서 빼앗는다. 이런 자들은 하나님께서 보복하신다는 것을 알아야 한다(살전 4:6).

거짓되고 도적질하고 사치하는 자들아, 들어라! 너희 속이는 상인들아, 너희에게 임할 심판이 무엇인지 들어라! 하나님께서 너희에게 문을 열어 주지 않으실 것이다. 하나님은 너희의 불의한 재물을 진노의 재물로 바꾸실 것이다. 악한 방법으로 모은 금과 은이 너희 살에 박힌 불타는 쇳조각이 되어 고통을 줄 것이다(약 5:2,3).

❾ 무익한 친구들과 어울리는 자

하나님께서는 이런 사람들을 멸하실 것이며, 그들이 하나님의 안식의 동산에 들어오지 못할 것이라고 선언하셨다(잠 9:6, 13:20).

❿ 신앙을 조롱하는 자

이런 사람은 올바로 사는 것을 비웃고 주님의 말씀을 전하고 주님을 부지런히 섬기는 사람들과 그들의 거룩한 사역을 조롱한다. 또한 믿음을 고백하는 그리스도인들의 약점과 실패를 보고 아주 즐거워한다. 경건을 경멸하는 자여, 장차 임할 무시무시한 심판에 주목하라(대하 36:16 ; 잠 19:29).

당신이 어느 한 부류에라도 속하는지 잘 생각해보라. 만일 이에 해당한다면 당신은 악독이 가득하며 불의에 매인 바 된 것이다(행 8:23). 왜냐하면 이런 사람들은 이마에 표를 가지고 있으며, 틀림없이 사망의 자식이기 때문이다. 나는 주께서 우리를 불쌍히 여기시기를 바란다. 이 열 가지 중 하나라도 해당되는 사람들을 모두 뺀다면 남는 사람은 극소수일 것이다.

하나님께서 하늘로부터 당신에게 불리한 선언을 하시고 당신이 저주의 상태에 있다고 판결하실 때 당신은 자신의 구원의 확신을 위해 무슨 노력을 했는가? 하나님께서 죄인들에게 "네가 어찌 말하기를 나는 더럽히지 아니하였다 바알들을 좇지 아니하였다 하겠느냐 골짜기 속에 있는 네 길을 보라 네 행한 바를 알 것이니라"(렘 2:23)라고 추궁하셨듯이 나도 당신을 추궁하고자 한다.

당신의 양심이 당신의 속임수와 은밀한 죄와 습관적인 거짓말을 고발하지 않는가? 당신이 하나님을 예배하는 일을 불경건하게 소홀히 하는 것을 당신의 가족과 친구들과 이웃들이 증거하지 않는가? 그들이 당신의 탐욕스러운 생활과 시기와 악의에 찬 행동을 증거하지 않는가? 거리를 걸어가는 당신을 가리키며 "저기 도박에 중독된 탕자가 간다. 저기 술고래가 간다. 행악자의 친구가 간다. 욕쟁이가 간다. 경건을 조롱하는 자가 간다. 되는대로 사는 사람이 간다"라고 말하지 않는가?

사랑하는 자여, 하나님께서는 당신을 판단할 기준을 성경에 (마치 햇빛을 필기도구로 사용하신 것처럼) 이미 기록해놓으셨다. 이 기준에 따르면, 이런 악한 것들은 하나님의 자녀의 특징이 아니다. 이런 특징을 가진 사람이 회개의 은혜를 통해 새로워지지 않는다면 지옥의 저주를 면할 수 없다.

돌이켜 회개하고 모든 죄에서 떠나라. 그렇지 않으면 당신의 죄악 때문에 멸망할 것이다(겔 18:30). 마음이 강퍅한 죄인아! 내가 당신을 그대로 내버려두어야 하는가? 술고래가 술집에 그대로 있게 해야 하는가? 악독한 자가 독설을 뿜어내는 것을 그냥 두고 보아야 하는가? 내가 당신에게 경고했으므로 당신의 피에 대해서는 내가 무죄하다는 것을 분명히 명심하라. 당신이 내 말에 관심을 기울이지 않더라도 나는 이 말씀이 벼락처럼 당신을 때려 회개로 이끌기를 바란다. 그렇지 않으면 당신은 양심에 화인火印 맞은 자처럼 계속 완고할 것이다.

> 그 원수의 머리 곧 그 죄과에 항상 행하는 자의 정수리는 하나님이 쳐서 깨치시리로다 시 68:21

> 자주 책망을 받으면서도 목이 곧은 사람은 갑자기 패망을 당하고 피하지 못하리라 잠 29:1

> 내가 부를지라도 너희가 듣기 싫어하였고 내가 손을 펼지라도 돌아보는 자가 없었고 도리어 나의 모든 교훈을 멸시하며 나의 책망을 받지 아니하였은즉 너희가 재앙을 만날 때에 내가 웃을 것이며 너희에게 두려움이 임할 때에 내가 비웃으리라 잠 1:24-26

그런데 많은 사람들은 내가 지적한 것만큼 원색적인 죄를 짓지 않아서 자기들에게는 아무 문제가 없다고 안심할지도 모르겠다. 그러나 이렇게까지 원색적인 죄는 아니더라도 다른 죄를 범하는 자들이 있다.

이런 사람들은 그들의 표를 이마에 지니지 않고 대신 보이지 않는 곳에 은밀히 지닌다. 종종 그들은 자신과 남들을 속이고 선한 그리스도인 행세를 하지만, 그들의 마음은 건전하지 못하다. 그들은 죽어서 심판받을 때까지는 선한 그리스도인으로 간주된다. 이렇게 스스로를 속이는 사람들은 자기들이 천국에 들어갈 것이라고 확신하면서 천국의 문 앞까지 이르지만 결국 쫓겨난다(마 7:21,22).

당신에게 깨달음을 주려는 나의 말을 깊이, 깊이 새겨라. 수많은 사람들이 자기의 은밀한 죄 때문에 멸망할 것이다. 이런 죄들은 다른 사람들이 모를 뿐만 아니라 자기성찰의 결여로 자신도 모르게 지은 죄들이다. 공개적으로 드러난 죄가 아니더라도 발견되지 않은 죄 때문에 결국 멸망하게 된다. 이런 죄 때문에 사람들은 무수히 멸망의 구덩이로 떨어질 것이다.

회개하지 않은 자들의
열두 가지 죄

내가 지적하는 열두 가지 죄가 당신에게 있는지 깊이 살펴라.
어디에서 발견되든지 간에 이것들은 회개하지 않은 사악한 상태를 드러내는 불길한 표징이다.
당신의 생명을 사랑한다면 자신을 향해 거룩한 열정을 갖고 내 말을 들어라.
그러면 내가 지적하는 죄가 당신에게서 발견되는지 아닌지를 알 수 있을 것이다.

❶ 고집스러운 무지

사람들은 자기의 마음이 선하기 때문에 반드시 천국에 갈 거라고 믿지만, 이런 무지無知가 얼마나 많은 사람들을 은밀히 죽이는가! 그들이 자기들을 죽이는 멸망의 손을 보지 못하고 태평한 상태에서 평안히 지낼 때 이 죄는 무수한 사람들을 소리 없이 멸망으로 던져버린다. 당신이 무지에 대해 어떤 변명을 늘어놓아도 그것이 영혼을 멸망시키는 악이라는 것에는 변함이 없다(호 4:6 ; 사 27:11 ; 살후 1:8 ; 고후 4:3).

신자들을 헛간에 가두고 피 묻은 손의 사형집행인이 찾아와 그들의 눈을 가리고 한 명씩 단두대로 끌고 가 처참하게 목을 자르는 것을 목격했다면 당신의 가슴이 얼마나 아프겠는가. 하지만 무지가 수많은 사람들의 눈을 가리고 은밀히 영혼의 단두대로 끌고 가 죽이는 것을 본다면 훨씬 더 가슴이 찢어질 것이다. 당신이 무지에게 죽임을 당하지 않도록 조심하라. 무지를 핑계 삼지 말라. 무지의 죄를 버리지 않으면 이 죄가 당신의 생명을 취할 것이다. 살인자를 가슴에 품는 사람이 되지 말라.

❷ 그리스도께 가까이 가지 않는 은밀한 죄

주님은 "무릇 내게 오는 자가 자기 부모와 처자와 형제와 자매와 및 자기 목숨까지 미워하지 아니하면 능히 나의 제자가 되지 못하고"(눅 14:26)라고 말씀하셨다. 이렇게 하기란 참으로 어려운 일이다.

어떤 사람들은 나름대로 많은 것을 행하지만, 그들의 종교가 그들을 구원하지 못한다. 그리스도께 온전히 헌신하거나 복종하지도 않는다. 그들에게는 즐기는 죄가 있다. 자기들에게 해가 되는 일은 거부하고 은밀한 예외를 두어 생활과 자유와 물질을 즐긴다. 많은 사람들이 이런 식으로 그리스도를 믿는다. 그들은 자기를 부인하라는 말씀을 깊이 새기지도 않고, 치러야 할 대가를 고려해보지도 않는다. 이런 잘못은 모든 것을 뿌리부터 망치고 결국 영원한 멸망으로 이끈다(눅 14:28-33).

❸ 형식적인 신앙생활

많은 사람들은 종교의 외형에 머물면서 겉으로 종교적 의무를 준수하는 데 만족한다. 바리새인들처럼 형식적인 신앙생활은 사람들을 잘 속이기 때문에 겉으로 드러난 불경한 죄보다도 더 확실히 그들을 멸망시킨다. 형식적인 신앙생활에 만족하는 사람들은 말씀을 듣고 금식하고 기도하고 봉사하기 때문에 자기들이 안전하다고 믿는다. 자기들이 행한 것을 의지하지만 그들의 일에는 진정한 마음이나 내적 능력과 활력이 담겨 있지 않아 결국 불구덩이로 떨어진다. 그렇게 되면 자기들이 천국을 향해 가고 있다는 확신과 소망이 산산조각날 것이다. 신앙생활이 오히려 그의 마음을 완고하게 만들고 결국 그를 속이는 것은 참으로 무서운 일이다!

❹ **잘못된 동기에 이끌려 거룩한 일을 하는 것**

바리새인들이 바로 이 죄 때문에 멸망했다. 자신의 잘못을 깨닫기도 전에 이런 죄로 멸망의 구덩이에 빠지는 사람들이 얼마나 많은가! 이런 사람들은 자기들이 선한 일을 행하기 때문에 안전하다고 믿지만, 자기들이 시종일관 육신적 동기에 이끌려 그렇게 한다는 사실을 깨닫지 못한다. 물론 정말로 거룩하게 된 사람들에게도 육신적인 일이 많이 파고드는 것이 사실이지만 그들은 그런 육신적 동기들을 미워하고 수치스럽게 여긴다. 육신적 동기에 압도되지 않고, 그 동기가 그들에게 큰 영향력을 행사하지 못한다.

하지만 이 경우와 달리 통상적으로 종교적 의무를 수행하는 주요 동기가 육적일 수 있다. 예를 들면 어떤 사람들은 자기의 양심을 달래기 위해, 경건하다는 평판을 듣기 위해, 사람들에게 보이기 위해, 자기의 재능을 과시하기 위해, 세속적이고 불경건한 사람이라는 비난을 피하기 위해 종교적 의무를 수행한다. 이런 사람들은 잘못된 동기에 이끌리는 것이다. 그리스도인이여, 자기기만에 빠지지 않으려면 당신의 행위뿐만 아니라 당신의 동기까지도 깊이 살펴라!

❺ 자기의를 믿는 것

이것이야말로 영혼을 멸망시키는 일이다. 자기의自己義를 신뢰하는 사람은 그리스도의 의를 거부한다. 사랑하는 자여, 당신은 모든 면에서 철저히 조심해야 한다. 왜냐하면 당신의 죄뿐만 아니라 당신의 종교적 행위도 당신을 멸망시킬 수 있기 때문이다.

이런 말에 당신이 놀랐을지 모르겠다. 하지만 사람이 악한 죄 때문에 멸망할 수 있듯이 겉으로 드러난 의와 선행 때문에 멸망할 수도 있다. 자기의와 선행이 하나님 앞에서 의가 되어 그분의 공의를 만족시키고 진노를 풀어드리고 그분께 은혜를 얻고 용서를 받는다고 믿는 사람은 멸망한다. 이런 사람은 그리스도의 직무를 무효로 만들고 자기의 행위와 미덕을 구주로 만드는 죄를 범하는 것이다.

믿음을 고백하는 그리스도인이여, 이 죄를 조심하라. 당신이 많은 일을 하지만, 이 한 가지 죄에 걸리면 모든 일이 허사가 된다. 최선을 다한 후에 당신을 부인否認하고 그리스도를 인정하라. 당신의 의를 더러운 옷처럼 여겨라(빌 3:9 ; 사 64:6).

❻ 철저한 신앙생활에 대한 은밀한 증오

기도와 예배 참석을 착실하게 준수하는 많은 도덕적인 사람들이 신앙생활의 철저함과 열정과 활력과 능력에 대해서는 은근히 증오심을 품고 있을 수 있다. 이런 사람들은 주변 사람들에게 자꾸 자극을 주면서 앞으로 전진하는 사람들을 싫어한다. 그들은 철저한 신앙생활을 기묘한 것, 경솔

한 것, 무절제한 정열이라고 비판한다.

그들이 볼 때, 열정적인 목사나 그리스도인은 지나치게 뜨거운 사람들이다. 그들은 거룩함 자체를 사랑하지 않는다(거룩함 자체를 사랑하게 되면 끊임없이 거룩함을 추구하여 지극히 거룩한 단계에까지 이르러야 하기 때문이다). 그러므로 그들은 스스로를 아무리 높게 평가한다 할지라도 결국 마음이 부패한 사람들이다.

❼ 일정 수준의 신앙생활에 안주하는 것

어떤 사람들은 자기들의 신앙생활이 구원받기에 충분할 정도에 이르렀다고 판단하면 더 이상 전진하려고 하지 않는다. 이것은 오히려 그들이 진정한 은혜를 받지 못했음을 드러낸다. 진정한 은혜는 사람들로 하여금 언제나 완전을 열망하도록 만든다(빌 3:13 ; 잠 4:18).

❽ 세상을 더 사랑하는 것

이것이야말로 거룩하게 되지 못했다는 확실한 증거이다.

> 누구든지 세상을 사랑하면 아버지의 사랑이 그 속에 있지 아니하니
> 요일 2:15

겉으로는 태연하게 신앙고백을 하면서 속으로는 세상을 사랑하는 사람들이 얼마나 많은가! 이런 죄의 속이는 힘이 너무 강하기 때문에 이런

사람들은 다른 사람들이 그들의 세속성과 탐욕을 다 아는데도 정작 자신들은 모른다. 이런 사람들은 갖가지 핑계와 가면假面으로 세상을 향한 사랑을 덮고 있기 때문에 스스로 눈이 멀어 자기기만自己欺瞞 가운데 멸망한다. 신앙고백을 하는 많은 그리스도인들이 그리스도보다는 세상에 더 애정을 갖기 때문에 땅의 것들을 생각한다. 그들은 육신을 좇아 결국 멸망에 이를 가능성이 높다(롬 8:5 ; 빌 3:19).

그러나 그들에게 "당신은 그리스도를 가장 소중히 여깁니까?"라고 물으면 그들은 "당연하죠!"라고 대답할 것이다. 그 이유는 그들이 마음속을 깊이, 꼼꼼히 살피지 않기 때문이다. 그들이 마음속을 깊이 들여다보면 자기들이 세상을 얻기 위해 관심과 노력을 집중한다는 것을 알게 될 것이다.

이런 것은 회개하지 않은 죄인의 뚜렷한 특징 중 하나이다. 신앙을 고백하는 사람들은 이런 은밀한 죄 때문에 멸망하는 일이 없도록 조심해야 한다. 사람은 아주 불법적인 행위들 때문에 그리스도에게서 끊어질 수 있지만, 합법적인 안락함을 지나치게 추구하다가 그리스도에게서 끊어질 수도 있다(이런 일은 실제로 일어난다).

❾ 자기를 무시하고 모욕하는 사람들에게 악의와 시기심을 품는 것

겉보기에는 경건한 많은 사람들이 자기가 당한 모욕을 기억하고 원한을 품고 악을 악으로 갚고 복수하는 경우가 있다. 이런 사람들은 자기에게 잘못한 사람들에게 나쁜 일이 일어나기를 바란다. 이런 것은 복음의 정신과 그리스도의 모범과 하나님의 속성에 정면으로 어긋난다. 이런 악이 마음속에서 부글부글 끓는데도 그것을 미워하거나 억제하지 않고 저항하지도 않고 오히려 습관적으로 지배당하는 사람들은 악독이 가득하며 죽음의 상태에 있는 것이다(행 8:23 ; 마 18:32-35 ; 요일 3:14,15).

❿ 억제되지 않는 교만

하나님의 칭찬보다 사람들의 칭찬을 더 사랑하고 사람의 존경과 갈채와 인정에 마음을 두는 사람들은 아직도 진정한 회개를 모르고 죄 가운데 있는 것으로 보아야 한다(요 12:43 ; 갈 1:10).

자기의 마음속에 있는 교만을 보지도 못하고 문제 삼지도 않고 그것 때문에 고민하지도 않는 사람들은 죄 가운데 완전히 죽어 있는 것이다. 교만의 죄가 많은 사람들의 마음속에서 은밀히 살며 그들을 지배하지만, 그 사실을 몰라서 자신을 속인다(요 9:40).

⓫ 쾌락을 아주 좋아하는 것

이것은 불길한 오점汚點이다. 육신에게 자유를 주고 육신의 요구를 다 들어주고 그것을 기쁘게 해주는 사람, 배腹와 감각을 만족시키면서 큰 기쁨을 느끼는 사람은 겉으로는 아무리 경건해 보여도 다 가짜이다. 육신을 기쁘게 하는 삶은 하나님을 기쁘시게 해드릴 수 없다. 그리스도 예수의 사람들은 육체와 함께 그 정情과 욕심을 십자가에 못 박았으며 육신을 적으로 규정하여 억제한다(갈 5:24 ; 고전 9:25-27).

⑫ 육신의 안전을 의지하는 것

자신의 상태가 이미 안전하다는 뻔뻔한 착각에 빠져 있다. 많은 사람들이 "평안하다! 안전하다!"라고 외칠 때 멸망이 갑자기 그들을 덮칠 것이다. 이런 착각 때문에 어리석은 처녀들은 마땅히 일해야 할 시간에 잠을 자고, 마땅히 시장에 있어야 할 시간에 침대에 누워 있었던 것이다. 그들은 신랑이 올 때까지 자기들의 기름이 부족함을 알지 못했고, 기름을 사러 갔을 때는 이미 문이 닫혀 있었다.

나는 이 어리석은 처녀들과 같은 사람들이 또 생기기를 원하지 않는다. 그러나 이런 사람들이 없는 지역이나 집은 거의 없다. 사람들은 조금이라도 근거를 찾을 수만 있다면 그 근거에 의지하여 자기들의 상태가 안전하다고 믿으려고 한다. 그 결과, 변화를 위해 힘쓰지 않고 결국 그들의 죄 가운데 멸망한다.

당신은 평안한가? 그렇다면 무슨 근거에서 평안한지 내게 보이라. 그것이 성경에서 인정하는 평안인가? 당신이 진정한 신자라는 확실한 표지를 내게 보여라. 당신은 이 세상에 살았던 위선자들보다 더 나은 어떤 것을 내게 보일 수 있는가? 그럴 수 없다면, 당신이 누리고 있는 현재의 평안은 그 어떤 불안보다도 더 무서운 것이다. 육신적 평안이 영혼에게는 치명적인 원수라는 것을 알라. 그것은 미소 짓고 입 맞추고 좋은 말을 늘어놓지만 결국에는 당신의 급소를 찔러서 당신을 죽게 만든다.

양심의 판단

이쯤 되면 당신도 주님의 제자들처럼 "그런즉 누가 구원을 얻을 수 있으리이까"(마 19:25)라고 묻고 싶은 심정이라는 것을 잘 안다.

그렇다면 이렇게 해보라. 앞서 언급한 불경건한 열 가지 죄를 범하는 사람들을 한쪽으로 불러내고, 또 다른 쪽에 자기기만적 위선의 열두 가지 죄를 범하는 사람들을 불러내라. 그러면 이들을 제외한 남은 자들이 구원을 얻을 것이다. 스물두 가지 죄 중에서 하나라도 해당되는 사람들을 염소로 분류하고 나면, 양羊으로 분류될 사람들이 거의 없을 것이다. 만일 그 죄 중 하나라도 해당되는 사람들이 회개하고 돌이키지 않는다면, 그들을 천국에서 만날 가능성은 전혀 없다.

양심이여, 이제 네 일을 하라! 거침없이 말하라. 이 말을 듣고 내 글을 읽는 사람들의 가슴에 박히도록 말하라. 스물두 가지 죄 중에 어느 하나에라도 해당하는 사람이 있거든, 그가 전혀 깨끗하지 않음을 선언하라. 결코 거짓을 말하지 말라. 하나님께서 평안을 말씀하시지 않는 자에게는 평안을 말하지 말라. 오감五感에게 뇌물을 받지 말고, 자기사랑과 육신적 편견에게 속아 눈멀지 말라. 내가 부르노니 하늘의 법정에서 내려와 증거를 제시하라. 위험을 무릅쓰고 증언하라. 이 책을 읽는 자의 상태를 정확히 지적하라.

양심이여, 이때에 침묵을 지키려는가? 살아 계신 하나님의 이름으로 부탁하노니, 진실을 말해다오. 이 책을 읽는 사람이 회개했는가, 아닌가? 그가 조금이라도 악에 빠져 있는가? 진정으로 그가 이 세상 무엇보다 하나님을 가장 사랑하고 즐거워하고 기쁘시게 해드리는가?

오, 양심이여! 와서 분명히 대답해다오. 이 영혼이 언제까지 이런 불확실성 속에서 살아가겠는가? 양심이여, 네 판결을 들려다오. 이 사람이 새 사람이 되었는가? 이 사람에게서 철저하고 강력한 변화가 일어났는가? 일어났다면, 언제 어디에서 일어났는가? 그의 영혼 안에 확실한 중생重生의 변화가 일어났다면 그 수단은 무엇이었는가?

양심이여, 말해다오. 변화의 시간과 장소를 말할 수 없다면, 그런 변화를 입증하는 성경의 증거를 보여다오. 그가 한때 의지했던 잘못된 근거와 소망과 평안에서 깨어난 적이 있는가? 그가 자기의 죄를 깊이 느끼고, 자기가 망하게 되었다는 것을 깨닫고, 자기를 부인하고, 자기의 죄를 버리고, 온전히 예수 그리스도께 자신을 온전히 맡겼는가? 아니면 그가 아직도 무지의 속박에서, 세속의 진흙탕에서 벗어나지 못하고 있는가? 그가 불의한 방법으로 돈벌이를 하고 있지는 않은가? 그가 기도와 말씀 읽기를 모르고 세상을 더 사랑하지는 않는가? 거짓말을 하고 그의 마음속에서 증오가 들끓고 정욕이 불타지는 않는가? 그가 탐욕을 따라 달려가지는 않는가?

내가 앞서 언급한 특정 죄들을 모두에게 분명히 일러주어라.

마음을 살펴라!

이 스물두 가지 죄들 중 어느 하나에라도 걸리지 않은 사람이 있는가? 만일 하나라도 걸린다면 그를 제쳐놓아라. 그는 성도들과 함께 유업을 얻을 수 없다. 회개하여 새로운 피조물이 되지 않으면 하나님나라에 들어갈 수 없다. 당신과 당신의 마음을 속이지 말라. 당신의 마음속에 재판을 열어라. 하나님의 말씀과 양심을 그곳에 불러들여라.

"마땅히 율법과 증거의 말씀을 좇을지니"(사 8:20)라는 말씀이 당신에 대해 내리는 판단에 귀를 기울여라. 당신의 상태가 어떤지 올바른 결론이 날 때까지 꼼꼼히 따져보라. 여기서 한 번이라도 실수하면 당신은 멸망한다. 미덥지 못한 마음, 지능적인 유혹자, 속이는 데 능한 죄가 공모하여 불쌍한 영혼에게 아첨하고 그 영혼을 속인다. 사람들은 이 문제에서 실수하기 쉽다. 당신이 자신의 영적 상태를 공정하고 주의 깊게 철저히 살피지 않으면 십중팔구 속아 넘어갈 수밖에 없다.

부지런히 자신을 살펴라. 양초를 켜들고 깊이 조사하라. 저울에 당신을 달아보아라. 성소聖所의 표준에 따르라. 시금석으로 금화의 순도를 확인하라. 사탄은 속이는 데 능하다. 그는 실물과 비슷한 것을 만들어내며 모방하지 못하는 것이 없다. 당신의 마음도 믿지 말라. 하나님께 이렇게 말씀드려라.

"하나님, 저를 살피시고 시험하시고 조사하셔서 무엇이 저를 속박하고 있는지 드러내주소서!"

여러 가지 방법을 사용해보았는데도 분명한 결론에 이르지 못하고 계속 아리송하다면, 경건한 목사나 그리스도인 친구와 상의하라. 당신의 영원한 운명에 대해 한 점의 의혹도 남지 않을 때까지 쉬지 말라.

CHAPTER 05

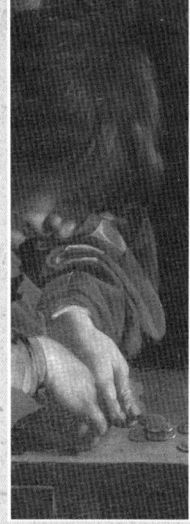

회개하지 않으면
하나님의 불 같은 진노가 임한다

회개하지 않은 자여, 하나님의 은총 없이 살 수 있다고 믿는가?
하나님의 복수를 견딜 수 있다고 믿는가? 피조세계가 당신 때문에 신음하는 소리가 들리지 않는가?
지옥이 당신을 달라고 아우성치는 소리가 들리지 않는가?

　회개하지 않은 사람들의 상태는 너무 끔찍하다. 그래서 나는 때때로 '내가 사람들에게 그들이 아직 거듭나지 못했음을 일깨워주기만 해도 내가 할 일의 절반은 이룬 것이 아닌가?' 하는 생각까지 해본다.
　그러나 나의 슬픈 체험에 따르면, 거룩하게 되지 못한 사람들은 자기들이 아직 회개하지 않았다는 것을 알면서도 종종 태평하게 앉아 있을 정도로 지독한 게으름과 잠에 빠져 있다. 육체적 쾌락에 대한 사랑, 바쁘게 돌아가는 세상일 그리고 세상의 정욕과 애착과 근심은 양심의 목소리를 잠재운다. 그래서 회개하고 고치면 좋겠다는 막연한 희망을 마음 한구석에 간직한 채 살아갈 뿐이다. 그렇기 때문에 그들이 회개하지 않았음을 일깨워주는 것으로 끝나서는 안 되고, 한 걸음 더 나아가 그들이 얼마나 두렵고 비참한 상태에 있는지를 일깨워주어야 한다.
　그런데 나는 시작부터 좌초되고 만다. 지옥 불에서 고통을 겪어본 부자富者와 같은 사람이 아니라면 누가 지옥에 떨어질 사람들의 비참함에 대해 제대로 말해줄 수 있겠는가?(눅 16:24) 세상에서 하나님 없이 사는 사람들의 비참함이 어떤 것인지를 정확히 묘사할 수 있는 솜씨 좋은 필자筆者가 누구일까?

회개하지 않은 자를 일깨우는 최선의 방법

분명히 기억하라! 죄인들이 결코 얻을 수 없는 하나님이 주시는 완전한 행복이 무엇인지를 아는 사람만이 회개하지 않은 사람들의 비참함을 정확히 말해줄 수 있다. 모세는 "누가 주의 노怒의 능력을 알며 누가 주를 두려워하여야 할 대로 주의 진노를 알리이까"(시 90:11)라고 말했다. 나도 모르는 것을 다른 사람들에게 어떻게 말해줄 수 있을까? 최소한의 영적 생명과 분별력을 가진 사람들의 마음을 움직일 수는 있겠지만, 영적 분별력이 전혀 없는 사람들을 이해시키는 것은 훨씬 더 어려운 일이다. 그들이 죄와 허물 가운데 죽어 있다는 것은 참으로 비참하다!

마귀가 예수님을 시험할 때 이 세상과 그 영광을 예수님의 눈에 선하게 보여준 것처럼 나도 낙원을 사람들에게 생생하게 보여줄 수 있을까? 하늘나라가 어떤 것인지 자세히 이해시킬 수 있을까? 내가 사람들을 삼켜버릴 것 같은 무서운 도벳(왕하 23:10, 어린아이를 산 제물로 불태웠던 예루살렘 근처의 땅)의 심연을 폭로할 수 있을까? 지옥 불구덩이의 문을 열어젖힐 수 있을까? 슬프게도 사람들은 지옥의 무서운 불길을 보지 못한다.

내가 거룩함이 얼마나 아름다운지 묘사하고, 복음의 영광을 사람들에게 이해시킬 수 있을까? 죄가 얼마나 추하고 불쾌한 것인지 폭로할 수 있을까? 슬프다! 사람들은 거룩함의 아름다움과 복음의 영광도 보지 못하고, 죄의 더러움과 가증스러움도 보지 못한다. 소경이 앞을 보지 못하듯이 말이다. 그들은 무지함과 마음이 굳어짐으로 하나님의 생명을 떠났다(엡 4:18). 그들이 하나님의 일을 알지 못하고 알 수도 없는 것은 영적으로 분별해야 알 수 있는 것들이기 때문이다(고전 2:14). 회개케 하는 은혜를 받지 못하면 그들의 영적인 눈이 뜨이지 않아 구원받을 수 없다(행 26:18). 그들은 어둠의 자녀들이며 어둠 가운데서 행한다. 그들 안에 있는 빛이라는 것은 알고 보면 어둠이다.

내가 애도의 종을 울리고, 판결문을 낭독하고, 그들의 귀에 대고 하나님의 심판의 나팔을 불어야 할까? 그러면 경고의 말이 그들의 귓전에 맴돌까? 벨사살처럼 경련을 일으키고 안색이 변하고 관절의 맥이 풀리고 무릎을 사시나무 떨 듯이 떨까? 그러나 슬프게도, 그들은 내 말을 이해하지 못한다. 그들에게는 들을 귀가 없다. 음악에 능한 사람들을 불러 모세와 어린양의 노래를 부르게 해도 그들은 꿈쩍도 하지 않을 것이다. 복음의 즐거운 소리와 아름다운 노래와 기쁜 소식으로 그들의 마음을 유혹해야 하는가? 내가 무한히 귀하고 위대한 하나님의 약속처럼 달콤하고 부드럽고 상쾌한 위로의 말씀으로 그들을 끌어당겨야 하는가? 그러나 내가 그들에게 들을 귀를 찾아주지 못하면 이 모든 것이 허사가 될 것이다.

그렇다면 내가 어떻게 해야 하는가? 그들에게 불과 유황으로 타는 못을 보여주어야 하는가? 아니면, 온 우주를 향기로 채우는 귀한 감송향甘松香 상자를 열어 그리스도의 몰약의 향기와 그분의 옷 냄새로 그들을 매료시켜야 하는가?

아, 슬프다! 영적으로 죽은 죄인들은 말 못하는 우상과 같다. 입이 있어도 말하지 못하고, 눈이 있어도 보지 못하고, 귀가 있어도 듣지 못한다. 코가 있어도 냄새 맡지 못하고, 손이 있어도 만지지 못하고, 발이 있어도 걷지 못하고, 목젖이 있어도 소리를 내지 못한다. 그들에게는 영적 분별력도 없고 영적 활동도 없다.

내가 말씀의 검劍을 꺼내 그들의 마지막 남은 감각을 찌르면 혹시 그들이 느낄까? 하지만 내가 하나님의 화살집에서 화살을 꺼내 그들의 심장을 맞춘다 해도 그들은 느끼지 못한다. 하기야 '감각 없는 자'(엡 4:19)가 되어버린 그들이 어떻게 느낄 수 있겠는가? 느끼지 못하기 때문에 그들은 하나님의 진노가 그들 위에 머물고 산더미 같은 자기들의 죄에 짓눌려도 새털처럼 가볍게 산다. 살아 있는 그들의 몸 안에는 죽은 영혼이 들어 있다. 그들의 몸은 걸어 다니는 관棺이다. 이 관 속에는 죽고 또 죽은 부패한 영혼이 담겨 있다(유 12절).

그렇다면 내가 상대해야 하는 이 비참한 존재들에게 어떻게 접근해야 할까? 누가 이 돌 같은 마음을 녹이고 생명 없는 시체가 느끼고 움직이게 할 것인가? 돌들로도 아브라함의 자손을 만드시고, 죽은 자들을 살리시고, 산들이 사라지게 만드시고, 바위를 쳐서 물이 나오게 하시고, 사람들의 기대와 생각을 초월하는 일을 즐겨 이루시고, 마른 뼈들을 살려서 그분의 교회를 채우시는 하나님이라면 가능하다! 바로 그분이 하실 수 있다! 그러므로 나는 지극히 높으신 하나님 앞에 무릎을 꿇는다.

주님이 나사로의 무덤 앞에서 기도하시고, 수넴 여인이 죽은 자식을 안고 하나님의 사람에게 달려가 간청한 것처럼 나는 하나님께 간구한다. 당신의 영혼을 위해 슬퍼하고 탄식하는 목사라면 당신을 기도의 팔로 안고 하나님께 달려간다. 그분만이 당신을 도울 수 있기 때문이다.

"전능하신 여호와 하나님, 하나님께서 역사하시면 그 누구도 막을 수 없습니다. 사망과 지옥의 열쇠를 가지신 하나님이시여! 여기 죽어 무덤에 누운 영혼들을 불쌍히 여기셔서 무덤의 돌을 굴려내시고 나사로에게 말씀하셨듯이 '이리 나와라!'라고 말씀하소서.

감히 다가갈 수 없는 빛이시여, 이 어둠에 빛을 비추소서. 제가 죽은 자들에게 말하겠사오니, 새벽빛이 하늘로부터 임하여 이 어두운 땅에 비추게 하소서. 하나님께서는 죽어 감긴 눈을 뜨게 하실 수 있나이다. 하나님께서는 귀를 만드셨으니 그들의 귀를 열어주실 수 있나이다. 그들의 귀에 '에바다'(막 7:34)라고 말씀하소서! 그리하면 그들의 귀가 열릴 것입니다.

주님의 위대하심을 볼 수 있는 눈도 주소서. 주님의 맛있는 양식을 즐길 줄 아는 미각과 몰약의 향기를 맡을 수 있는 후각을 주소서. 주님의 자비의 특권을 볼 수 있는 분별력을 주소서. 그들이 주님의 진노의 무게를 느끼게 하시고, 용서받지 못한 죄가 짓누르고 있음을 깨닫게 하소서. 주님의 종에게 마른 뼈들에게 대언代言하라고 명령하소서. 에스겔 선지자의 대언처럼 저의 대언도 골짜기의 마른 뼈들을 지극히 큰 군대로 만들어내게 하소서."

내가 이렇게 간절히 기도하는 것으로 내 일이 다 끝나는 것은 아니다. 이제부터 나는 회개하지 않은 자들의 비참함을 당신에게 일깨워 주려고 한다. 그 비참함이란 어느 누구도 다 이해할 수 없고, 말로 다 표현할 수 없는 것이다. 하지만 당신이 회개하지 않았다면 명심하라!

하나님께서 회개하지 않은 자에 대항하여 싸우신다

하나님 없이 사는 것이야말로 형언할 수 없는 비참함이다. 구약시대에 미가는 단 자손들을 뒤쫓아가 "(너희가) 나의 지은 신神들과 제사장을 취하여 갔으니 내게 오히려 있는 것이 무엇이냐"(삿 18:24)라고 외쳤다. 그렇다면 하나님 없이 살며, 그분을 나의 하나님이라고 도저히 주장할 수 없다면 얼마나 탄식해야겠는가! 극한 상황에 처한 사울의 한탄은 또 얼마나 가슴을 찌르는가? 그는 블레셋 사람이 자신을 향해 군대를 일으켰고 하나님이 자신을 떠나셨다고 탄식했다(삼상 28:15).

죄인이여, 당신은 심판이 임하는 날에 어찌하려는가? 어디로 도망하여 도움을 청하겠는가? 당신의 자랑거리들을 어디에 두겠는가? 블레셋 사람이 당신을 공격할 때, 세상이 당신에게 작별 인사를 하고, 당신이 친구와 집과 땅을 두고 영원히 떠나야 할 때 어떻게 하려는가?

그때 하나님께 갈 수 없는 당신은 어찌하려는가? 그분의 이름을 부르고 도움을 구할 것인가? 그러나 슬프게도 하나님께서는 당신을 모른다고 하실 것이다. 당신을 후대하지 않고 오히려 "내가 너희를 도무지 알지 못하니 불법을 행하는 자들아 내게서 떠나가라"(마 7:23)라고 말씀하실 것이다.

반면에 자신이 하나님께 갈 수 있다는 것을 알고 그분을 의지하며 사는 사람들은 하나님 없이 사는 것이 무섭고 비참하다는 것을 안다. 그래서 어떤 거룩한 사람은 "하나님 아닌 것은 내게 아무 의미가 없다! 나는 하나님과 그분의 뜻을 알기 원한다. 하나님께 무엇으로 기쁘시게 해드릴 수 있고, 어떻게 하면 하나님을 즐거워할 수 있는지 알기 원한다. 그럴 수 없다면 차라리 이성 없는 짐승이 되는 것이 낫다!"라고 외쳤다.

회개하지 않은 자여, 당신에게는 하나님이 계시지 않을 뿐더러 하나님이 당신을 대적하신다. 하나님의 자녀라고 말씀해주지 않으시거나 당신을 돕지 않으시더라도 중립을 지켜주신다면 그토록 비참하지는 않을 것이다. 하나님께서 당신을 원수들 손에 괴롭힘을 받게 내버려두거나 악한 영들의 온갖 술수와 능력을 동원하여 당신을 괴롭히는 것으로 끝난다면 그렇게까지 두렵지는 않을 것이다. 더 두려운 것은 하나님께서 당신을 대적하신다는 것이다.

성경은 "살아 계신 하나님의 손에 빠져 들어가는 것이 무서울 진저"(히 10:31)라고 말한다. 하나님처럼 좋은 친구도 없지만 그분처럼 두려운 원수도 없다. 곰과 사자의 발톱에 찢기거나 지극히 난폭한 사람과 사악한 영의 손아귀에 들어가는 것보다 살아 계신 하나님의 손에 빠져드는 것이 훨씬 더 무서운 일이다. 하늘과 땅만큼, 전능과 무능의 간극만큼 큰 차이가 있다. 하나님께서 친히 당신을 괴롭게 하실 것이며, 당신의 멸망은 주님의 존전으로부터 임할 것이다(살후 1:9).

만일 하나님께서 당신을 대적하시면 누가 당신 편을 들겠는가?

> 사람이 사람에게 범죄하면 하나님이 판결하시려니와 사람이 여호와께 범죄하면 누가 위하여 간구하겠느냐 삼상 2:25

> 주 곧 주는 경외할 자시니 주께서 한 번 노하실 때에 누가 주의 목전에 서리이까 시 76:7

누가 혹은 무엇이 당신을 하나님의 손에서 건져내겠는가? 돈이 할 수 있겠는가?

> 재물은 진노하시는 날에 무익하나 잠 11:4

왕이나 전사戰士가 당신을 하나님의 손에서 건져내겠는가? 결코 그렇지 않다!

> 땅의 임금들과 왕족들과 장군들과 부자들과 강한 자들과 각 종과 자주자가 굴과 산 바위틈에 숨어 산과 바위에게 이르되 우리 위에 떨어져 보좌에 앉으신 이의 낯에서와 어린양의 진노에서 우리를 가리우라 그들의 진노의 큰 날이 이르렀으니 누가 능히 서리요 하더라 계 6:15-17

회개하지 않은 죄인이여, 하나님이 당신의 원수라는 사실이 비수처럼 당신의 마음에 꽂혀야 한다. 이제 당신은 어디로 가려는가? 어디로 가서 숨으려는가? 당신의 무기를 내려놓고 죄사함을 받고 그리스도를 친구로 만들고 그분과 화해하라. 그렇지 않으면 당신에게 소망이 없다. 왜냐하면 찬바람이 몰아치는 광야로 쫓겨나 슬픔과 고통과 절망에 몸부림칠 것이기 때문이다.

그러나 당신은 그리스도 안에서 자비를 얻을 가능성이 있다. 다시 말해서, 그분은 당신에게 자비를 베풀기 원하신다. 당신이 하나님의 자비를 얻으면 하나님께서는 더 이상 당신을 대적하지 않으시고 오히려 당신 편에 서신다. 그러나 당신이 죄를 버리지 않고 진정한 회개를 통해 철저히 하나님께로 돌아가지 않는다면, 하나님의 진노가 당신 위에 계속 머무르고 당신을 대적하신다고 선언하신다.

> 그러므로 나 주 여호와가 말하노라 나 곧 내가 너를 치며 이방인의 목전에서 너희 중에 벌을 내리되 겔 5:8

하나님의 얼굴이 당신을 대적한다.

> 여호와의 얼굴은 행악하는 자를 대하사 저희의 자취를 땅에서 끊으려 하시는도다 시 34:16

만일 하나님의 얼굴이 당신을 대적하신다면 당신에게 화禍가 있을 것이다. 그분이 진노의 얼굴을 애굽의 군대에 향하셨을 때 얼마나 무서운 결과가 일어났는가!

> 그 사람을 대적하여 그들로 놀라움과 감계와 속담거리가 되게
> 하여 내 백성 가운데서 끊으리니 너희가 나를 여호와인 줄 알리
> 라 겔 14:8

하나님의 마음이 당신을 대적한다. 그분은 모든 행악자들을 미워하신다. 당신이 그분께 미움을 받는다고 생각하면 두렵지 않은가?

> 모세와 사무엘이 내 앞에 섰다 할지라도 내 마음은 이 백성을
> 향할 수 없나니 그들을 내 앞에서 쫓아 내치라 렘 15:1

> 내 마음에 그들을 싫어하였고 그들의 마음에도 나를 미워하였
> 음이라 슥 11:8

하나님의 모든 속성이 당신을 대적한다. 하나님의 공의公義는 당신을 겨누고 있는 번쩍이는 칼과 같다.

> 나의 번쩍이는 칼을 갈며 내 손에 심판을 잡고 나의 대적에게
> 보수하며 나를 미워하는 자에게 보응할 것이라 나의 화살로 피
> 에 취하게 하고 신 32:41,42

그 공의가 너무 엄격해서 죄인들의 죄를 그냥 넘기시지 않는다. 만일 당신이 성경에 근거하여 그리스도와 그분의 속죄가 당신을 위한

것이라고 주장할 입장이 아니라면, 하나님께서는 당신을 무죄로 석방하지 않으시고, 당신이 죄의 대가를 모두 치르도록 하실 것이다.

한 번 비췸을 얻은 죄인이 공의와 심판의 잣대와 심판의 칼을 보게 되면, 하늘이 무너지는 것 같을 것이다. 그러나 사탄은 그것들을 못 보게 만들고 "하나님께서는 오직 자비의 하나님이시기 때문에 죄를 걱정할 필요가 없다"라는 속삭임으로 그가 계속 죄악의 잠을 자도록 미혹한다.

하나님의 공의는 엄격해서 완전히 충족되어야 한다. 불의를 좇는 자에게는 노와 분을 내시며 악을 행하는 사람에게는 환난과 곤고가 있다(롬 2:8,9). 하나님의 공의는 "누구든지 율법 책에 기록된 대로 온갖 일을 항상 행하지 아니하는 자"(갈 3:10)를 저주한다. 죄의식을 느끼지만 용서받지 못한 죄인에게 하나님의 공의는 파산한 채무자 앞에 서 있는 채권자보다, 강도를 내려다보는 판사석의 판사보다, 살인자 눈에 보이는 교수대보다 더 무섭다. 공의가 생명이나 사망의 판결을 선언할 때, 가련한 죄인은 얼마나 두려움에 떨겠는가?

> 그 수족을 결박하여 바깥 어두움에 내어던지라 거기서 슬피 울며 이를 갈이 있으리라 마 22:13

> 저주를 받은 자들아 나를 떠나 마귀와 그 사자들을 위하여 예비된 영영한 불에 들어가라 마 25:41

이것이 공의가 내리는 무서운 판결이다. 당신은 이토록 엄격한 공의에 따라 심판을 받아야 한다. 회개하고 돌이키지 않으면 이런 사형선고를 받게 된다.

하나님의 거룩하심이 당신을 대적한다. 하나님께서는 당신에게 진노하실 뿐만 아니라(사실 하나님께서는 자기 자녀들에게도 때로 진노하신다) 당신을 향한 뿌리 깊은 불쾌감을 가지고 계신다. 하나님의 본성은 죄를 무한히 대적해서서 그리스도 밖에 있는 죄인을 결코 기뻐하시지 않는다.

하나님께 은혜를 얻지 못하고 미움을 받는 것이 얼마나 비참한가! 그분은 새롭게 되지 못한 죄인을 대적하고 혐오하신다. 이런 하나님이 바뀌기를 기대하느니 차라리 하나님의 본성을 내려놓고 하나님이시길 포기하기를 바라는 게 낫다!

당신이 어떻게 감히 태양의 밝고 순결한 빛을 생각할 수 있으며, 하나님 안에 있는 거룩함의 아름다움과 영광을 생각할 수 있겠는가?

> 하나님의 눈에는… 별도 깨끗지 못하거든 욥 25:5

> 스스로 낮추사 천지를 살피시고 시 113:6

하나님의 눈은 모든 것을 감찰해서서 당신에게 있는 모든 것을 찾아내신다. 그런데도 당신은 그리스도께서 당신을 변호해주시는 것에 아직도 관심이 없는가? 하나님께서는 당신이 두려워 떨며 벧세메스 사람들처럼 "이 거룩하신 하나님 여호와 앞에 누가 능히 서리요"(삼상 6:20)라고 외치는 소리를 듣고 싶어 하신다.

하나님의 능력은 마치 강력한 대포처럼 당신을 겨누고 있다. 복음에 순종하지 않는 사람들이 혼란과 멸망에 빠질 때 하나님의 능력과 영광이 드러난다. 하나님께서는 그 능력과 진노가 얼마나 큰 고통을 안겨주는지 나타내시며(롬 9:22), 이를 위해 그들을 세워 능력을 보이신다(롬 9:17). 당신은 창조주와 싸워 이기려는가?

하나님의 진노의 능력이 당신을 대적하고, 능력과 진노가 결합해 무서운 결과를 초래한다. 하나님의 능력에 대항해 싸우는 것보다는 무장한 세상 사람들과 맞서는 게 낫다. 당신은 그분의 손에서 빠져나갈 수도, 그분의 감옥을 부술 수도 없다. 그 큰 능력의 우레를 누가 능히 측량하겠는가(욥 26:14). 그 큰 능력을 직접 맛보아야 깨닫는 사람은 참으로 불행한 사람이다!

> 사람이 하나님과 쟁변하려 할지라도 천 마디에 한마디도 대답하지 못하리라 하나님은 마음이 지혜로우시고 힘이 강하시니 스스로 강퍅히 하여 그를 거역하고 형통한 자가 누구이랴 그가 진노하심으로 산을 무너뜨리시며 옮기실지라도 산이 깨닫지 못하며 그가 땅을 움직여 그 자리에서 미신즉 그 기둥이 흔들리며 그가 해를 명하여 뜨지 못하게 하시며 별들을 봉하시며 … 하나님이 빼앗으시면 누가 막을 수 있으며 무엇을 하시나이까 누가 물을 수 있으랴 하나님이 진노를 돌이키지 아니하시나니 라합

> 을 돕는 자들이 그 아래 굴복하겠거든 욥 9:3-7,12,13

당신은 이토록 능력이 많으신 분에게 맞설 자격이나 있는가?

> 하나님을 잊어버린 너희여 이제 이를 생각하라 그렇지 않으면
> 내가 너희를 찢으리니 건질 자 없으리라 시 50:22

하나님의 긍휼하심에 복종하라. 먼지와 그루터기는 전능자에 대항하여 싸울 수 없다. 찔레와 가시가 대적해도 그것들을 헤치고 전부 불살라버리실 것이다. 그분의 능력을 의지하고 그분과 화평하게 지내라(사 27:4,5).

> 자기를 지으신 자로 더불어 다툴진대 화 있을진저 사 45:9

하나님의 지혜는 회개하지 않은 당신의 멸망을 위해 사용된다. 하나님께서는 이미 활을 당기셨고, 죽일 도구를 준비해놓으셨으며, 당신을 멸망시키기 위해 계책을 베푸신다(시 7:11-13 ; 렘 18:11). 당신이 악한 날에 사로잡히고 덫에 걸려드는 것을 볼 때 그분은 웃으신다.

> 주께서 저를 웃으시리니 그날의 이름을 보심이로다 시 37:13

하나님께서는 당신이 순식간에 몰락하는 것을 보실 것이다. 당신이

손을 비틀고 머리털을 뜯고 당신의 살을 먹고 고통과 놀람 때문에 이를 가는 것을 보실 것이다. 그때 당신은 다시는 빠져나올 수 없는 멸망의 구렁텅이로 떨어졌다는 것을 깨닫게 될 것이다.

하나님의 진리의 맹세는 당신을 대적한다. 당신이 지금 돌이키지 않는다면 반드시 멸망한다. 하나님께서는 성실하고 진실하신 분이시며 그분의 말씀대로 반드시 행하신다.

> 우리는 미쁨이 없을지라도 주는 일향 미쁘시니 자기를 부인하실 수 없으시리라 딤후 2:13

하나님께서는 약속을 지키실 뿐만 아니라 경고하신 것도 그대로 행하신다. 그러므로 우리가 믿지 않으면 우리를 멸망시킴으로써 자신의 성실하심을 드러내실 것이다. 예수님은 "내가 너를 씻기지 아니하면 네가 나와 상관이 없느니라"(요 13:8)라고 분명히 말씀하셨다. 또한 육신을 따라 살면 반드시 죽을 것이고, 회개하지 않으면 하늘나라에 들어갈 수 없다고 명확하게 말씀하셨다(롬 8:13 ; 마 18:3).

사랑하는 자여, 명심하라! 자신의 약속과 맹세를 영원히 지키시는 하나님의 불변적 성실하심이 신자들에게는 큰 위로가 되지만, 불신자들에게는 당혹감과 큰 두려움으로 다가올 것이다.

회개하지 않은 자여, 당신에게 불리한 성경의 경고를 어떻게 생각하는가? 그것들이 모두 참이라고 믿는가? 믿지 않는다면, 믿음이 없는 당신은 정말 불쌍한 사람이다! 그러나 믿으면서도 돌이키지 않는다면 당신의 마음은 돌덩이처럼 굳어 있는 것이다. 하나님의 진리와 성실하심이 당신을 대적하고 있는 상황에서도 당신이 편하게 생활하고 있기 때문이다.

당신이 회개하지 않고 살아간다면 하나님의 말씀은 당신에게 불리한 증거를 내놓는다. 페이지마다 당신을 정죄하며, 에스겔의 두루마리처럼 그 책은 겉과 속 모두 한탄과 탄식과 저주의 말로 가득하다. 당신이 회개하지 않으면 이런 저주와 탄식이 당신의 현실이 될 것이다.

> 천지가 없어지기 전에는 율법의 일점일획이라도 반드시 없어지지 아니하고 다 이루리라 마 5:18

이 모든 것을 종합해보라. 회개하지 않은 자들의 모습이 정말 비참하지 않은가? 바울을 죽이겠다고 저주하며 맹세한 사람들은 그들의 저주와 맹세에 묶이고 말았다(행 23:12,13). 이와 마찬가지로, 무한한 하나님의 모든 속성들은 당신을 벌하시겠다는 맹세에 의해 묶여 있다.

그대는 어떻게 하려는가? 어디로 도망하겠는가? 모든 것을 아시는 하나님께서 당신의 뒤를 쫓으시면 당신은 도망칠 수 없다. 당신이 믿고 회개하지 않는다면 멸망할 수밖에 없다. 진실하고 성실하신 하나님께서 자신의 맹세를 소중히 여기시기 때문이다.

속히 돌이켜 회개하라. 전능하신 하나님은 당신에게 형벌을 내리실 능력이 있으시다. 당신이 회개하지 않는다면 당신의 영혼과 육체는 영원히 비참할 수밖에 없다.

하나님의 피조세계 전체가 당신을 대적한다

바울은 "피조물이 다 이제까지 함께 탄식하며 함께 고통하는 것"(롬 8:22)이라고 말한다. 그렇다면 왜 탄식하는가? 거룩하게 되지 못한 사람들이 자기의 욕심을 채우기 위해 피조물을 남용하기 때문이다. 그렇다면 피조물은 무엇을 갈망하며 신음하는가? 이 같은 남용에서 해방되기를 갈망하기 때문이다. 사실 피조물이 허무한 데 굴복하는 것은 자기의 뜻이 아니다(롬 8:20,21). 만일 이성理性이 없는 무생물이 입이 있어 말할 수 있다면, 불경건한 사람들에게 남용의 대상이 되는 것이 지독한 속박이라고 불평할 것이다. 이것은 그들을 만드신 하나님의 창조 목적에 정면으로 위배된다.

한 저명한 목회자는 이렇게 말했다.

"술주정뱅이가 마시는 술에 인간처럼 이성이 있다면 그것은 자기가 얼마나 부끄럽게 남용되는지 알게 될 것이다. 그리하여 술통에서, 술잔에서, 그의 목구멍에서 그리고 그의 뱃속에서 탄식할 것이다. 할 수만 있다면, 그에게 강력하게 항의했을 것이다.

하나님께서 발람이 타고 가던 나귀의 입을 열어주신 것처럼 피조물의 입을 열어주신다면, 교만한 자가 걸친 옷도 그를 치고 탄식할 것이다. 만일 피조물에게 이성이 있어 자기들이 회개하지 않은 자들에게 남용의 대상이 되고 있다는 것을 안다면, 모든 피조물이 그들을 쳐서 탄식할 것이다.

땅은 그들을 떠받치고 있는 것을 괴로워할 것이고, 공기는 그들의 호흡을 역겨워 할 것이고, 집은 그들이 기거하는 것이 짜증날 것이고, 침대는 그들에게 안락함을 주는 것을 혐오할 것이고, 옷은 그들을 가려주는 것이 부끄러울 것이다. 즉, 피조물은 하나님을 대적하여 계속 죄 가운데 거하는 자들에게 도움과 안락함을 선사하면서도 탄식한다."

회개하지 않은 영혼은 자기가 피조물에게 짐을 지운다는 사실을 깨닫고 두려워해야 한다.

찍어 버리라 어찌 땅만 버리느냐 눅 13:7

무생물이 말할 수 있다면, 당신의 음식은 "주님, 제가 저의 힘을 소진消盡하면서까지 이토록 악한 사람을 먹여 살려야 합니까? 이렇게 하는 것이 주께 욕된 일이 아닙니까? 주님이 허락만 하신다면 차라리 이 사람의 목구멍을 막아버리겠습니다"라고 말할 것이다.

공기는 "주님, 이 사람이 계속 호흡하도록 내버려두어야 합니까? 나를 들이마시면서 그는 혀를 놀려 하늘을 대적하고, 주님의 백성을 조롱하고, 교만과 분노와 더러운 말을 쏟아내고, 주님을 대적하여 욕설과 신성모독이 많은 입에 올립니다. 이럴 수는 없는 일입니다. 주님이 말씀만 하시면, 그의 숨을 끊어놓겠습니다"라고 말할 것이다.

보잘것없는 짐승도 "주님, 이 사람이 그의 악한 일을 이루기 위해 돌아다니는 일에 제가 계속 희생당해야 합니까? 주님이 허락하신다면 제가 그의 뼈를 꺾어서 그의 날을 끝내겠습니다"라고 말할 것이다.

악한 자가 죽기까지 땅은 그 밑에서 신음하고 지옥은 악인을 달라고 아우성친다. 그가 죽으면 땅이나 지옥 모두 소원을 성취하게 된다.

만군의 여호와께서 당신을 대적하시는 동안에는 그분의 군대와 모든 피조물이 당신을 대적한다. 당신이 회개하고 하나님과 당신 사이의 불화가 끝나서 하나님께서 당신을 위해 피조물과 화평의 언약을 맺으실 때 비로소 당신은 안식을 누릴 수 있다(욥 5:22-24 ; 호 2:18-20).

사탄은 회개하지 않은 당신을 완전히 지배한다

당신은 울부짖는 사자의 손아귀 안에 있다(벧전 5:8). 마귀의 올무에 사로잡혀 그의 뜻대로 움직이고 있는 것이다(딤후 2:26). 마귀는 "불순종의 아들들 가운데서 역사하는 영"(엡 2:2)이다. 불순종의 아들들은 마귀의 일을 하고, 그의 욕심에 따라 행한다. 마귀는 어둠의 세상, 어둠 가운데 사는 무지한 죄인들을 지배한다.

당신은 마귀를 신神으로 섬기는 미개인들을 불쌍한 사람들이라고 여기지만 당신도 마귀를 신으로 섬기고 있는 것이다. 거룩하게 되지 못한 모든 사람들에게서 공통적으로 나타나는 비참한 사실은 그들이 마귀를 신으로 섬긴다는 것이다. 물론 의도적으로 마귀에게 경의를 표한다는 말은 아니다. 그들은 마귀를 경멸하며 마귀 역시 그들을 무시할 것이다. 하지만 그들은 마귀를 섬기고 그 지배 아래 살고 있다.

> 너희 자신을 종으로 드려 누구에게 순종하든지 그 순종함을 받는 자의 종이 되는 줄을 너희가 알지 못하느냐 롬 6:16

자신이 하나님의 자녀라고 생각하지만 결국 사탄의 종으로 드러날 사람들이 얼마나 많겠는가! 사탄이 당신에게 죄악의 즐거움이나 불법적 이익을 제공하기만 하면 당신은 그것들을 덥석 받아들인다. 거짓말을 하고, 복수하라고 유혹하면 당신은 즉시 그 유혹에 넘어간다. 그가 당신에게 기도나 성경 읽기를 금하라고 하면 당신은 즉시 순종한다. 그러니 당신이 사탄의 종이 아니고 무엇이겠는가?

사탄이 커튼 뒤 어두운 곳에서 일하기 때문에 죄인들은 그에게 조종당한다는 것을 알지 못하지만, 사실은 그에게 늘 이끌려 살아간다. 물론 거짓말쟁이는 사탄을 섬길 의도가 없으며, 단지 자기 이익을 위해 거짓말하는 것뿐이다. 그러나 눈에 띄지 않는 곳에 서서 그의 마음 속에 거짓말을 집어넣는 것은 바로 사탄이다. 가룟 유다가 주님을 판 것이나 스바 사람과 갈대아 사람이 욥의 재산을 강탈한 것은 사탄을 위해서가 아니라 자기들의 탐욕을 만족시키기 위해서였다. 하지만 그들이 악한 행동을 하도록 부추긴 것은 바로 사탄이다(요 13:27 ; 욥 1:12,15,17).

사람들은 사탄을 위해 종노릇하고 심지어 고된 일도 기꺼이 해내지만, 그것이 사탄을 위해서 한 일이라는 사실을 모른다. 오히려 자신이 자유를 누리고 있다는 착각에 빠져 기뻐하는 경우도 있다.

아직도 모르겠는가? 아직도 어둠에서 빛으로 돌이키지 않았는가? 어떤 것이 죄라는 것을 알면서도 완고하게 습관적으로 그 죄를 범하는가? 만일 그렇다면, 당신이 사탄에 속해 있다는 것을 깨달아라. 당신은 사탄의 지배 아래 있다. 당신은 다투고 시기하고 악의를 품었는가? 그렇다면 당신의 아비는 사탄이다.

얼마나 무서운 일인가! 사탄이 그의 종에게 아무리 많은 쾌락을 준다 해도 사탄은 결국 그들을 지옥으로 끌고 가려는 것이다. 뱀이 (하와에게 그랬던 것처럼) 입에 열매를 물고 나타나지만, 당신은 거기에 있는 독침을 보지 못한다. 지금 당신을 미혹하는 자가 훗날 당신을 괴롭히는 자가 될 것이다.

당신이 지금 얼마나 나쁜 주인을 섬기고 있는지, 무자비한 폭군의 비위를 맞추고 있는지를 깨달아라. 당신의 주인은 당신의 멸망과 저주에 영원한 도장을 찍기 위해 당신을 부추기는 것을 낙으로 삼는다. 당신이 영원히 빠져나올 수 없는 불구덩이를 더욱 뜨겁게 달구는 것이 그의 즐거움이다.

당신의 모든 죄목이 산처럼 당신을 짓누른다

불쌍한 영혼이여, 당신은 모르겠지만 이것이야말로 당신의 결정적 비참함이다. 당신이 회개하지 않았다면 어떤 죄도 씻김을 받지 못하며, 모든 죄가 고스란히 기록되어 당신을 대적한다.

중생과 죄사함은 분리되지 않는다. 거룩하게 되지 못한 사람들은 의롭게 되지도, 죄사함을 받지도 못한다. 빚을 진다는 것은 두려운 일이지만 하나님께 진 빚이 더 두렵다. 하나님께 붙잡히는 것이 가장 두려운 일이요, 그분의 감옥에 갇히는 것이 가장 비극적이다.

자기 죄의 무게를 느끼는 죄인의 얼굴을 보라. 그의 표정과 하소연에서는 두려움이 묻어나온다. 그의 평안은 고민으로 바뀌고, 삶은 윤기가 사라져 까칠하게 되고, 그의 눈에서는 잠이 떠난다. 그는 자신과 주변의 모든 사람들에게 두려움의 근원이 된다. 차라리 감각이 없어 비참함을 느끼지 못하는 길거리의 돌이었으면 좋겠다고 생각한다. 또 죽고 나서는 비참함을 더 이상 느끼지 못하는 개로 태어났다면 더 좋았을 거라고 여긴다. 인간의 죽음은 끝없는 고통의 시작에 불과하기 때문이다.

지금 당신은 용서받지 못한 죄를 대수롭지 않게 여길지 모르겠지만, 훗날 아주 무거운 짐으로 다가올 것이다. 그것은 맷돌이니, 이 돌 위에 떨어지는 자는 깨어지겠고 이 돌이 사람 위에 떨어지면 그를 가루로 만들어 흩을 것이다(마 21:44). 우리는 우리의 죄 때문에 거룩하신 구주께 고뇌와 죽음을 안겨드렸다. 이처럼 푸른 나무에도 그렇게 했는데 마른 나무에게는 어떠하겠는가?(눅 23:31)

더 늦기 전에 당신 자신을 돌아보라. "너희가 너희 죄 가운데서 죽으리라"(요 8:24)라는 경고의 말씀을 들을 때 떨리지 않는가? 죄 가운데 죽는 것보다는 차라리 감옥이나 개천이나 토굴에서 죽는 것이 낫다. 죽음이 찾아와 당신의 안락과 위안을 빼앗아갈 때 당신의 모든 죄까지 다 치워버린다면, 그나마 죽음을 어느 정도는 견딜 수 있을 것이다. 친구들이 당신을 떠나고 세상 모든 즐거움이 당신과 작별의 악수를 나눌지라도 당신의 죄는 당신을 떠나지 않는다. 죄수가 죽으면 그가 진 빚도 사라지지만, 당신이 죽더라도 당신의 죄는 사라지지 않는다. 오히려 당신의 죄는 심판대까지 따라가 당신을 고발할 것이고, 지옥까지 따라가 당신을 괴롭힐 것이다.

죄는 이토록 무섭다! 늦기 전에 당신의 채무를 살펴보라. 하나님의 계명 하나하나가 당신을 체포할 준비를 하고 있다. 그것들은 당신의 무수한 죄목을 나열하며 당신의 멱살을 잡을 것이다. 그것들이 당신을 붙잡기 위해 한꺼번에 몰려들 때 어찌 하려는가? 이제 양심의 눈을 크게 뜨고 생명의 길을 찾아라. 당신 자신에게 절망하고 오직 그리스도를 찾아라. 그분 안에 있는 도피처로 달려가 당신 앞에 있는 소망을 굳게 붙들라.

억제하기 힘든 욕망이 당신을 비참한 노예로 만든다

회개하지 않는 한 당신은 죄의 종이다. 당신이 하나님의 언약 안으로 들어오지 않는다면 죄는 당신을 다스리고 지배한다. 죄와 같은 폭군은 없다. 죄는 그의 종에게 아주 비열하고 무서운 일을 서슴지 않고 시킨다.

자신의 화형火刑에 쓰일 장작과 연료를 등에 지고 고생스럽게 언덕을 오르는 무리를 보면 가슴이 찢어질 것이다. 죄는 종에게 이렇게 비참한 일을 시킨다. 그들이 불의한 소득을 얻어 기뻐하거나 쾌락에 취해 노래하는 것은 영원한 화형에 땔감을 더하는 것이요, 도벳의 시쳇더미를 높이는 것이요, 불구덩이에 기름을 붓는 일이다. 비참하고 고된 일만 시키고 사망이라는 삯을 던져주는 주인을 섬기는 자는 지극히 어리석은 사람이다.

당신이 군대처럼 많은 귀신들에게 사로잡힌 사람을 본다면 얼마나 마음이 아프겠는가? 그가 무덤 사이에서 자기 몸을 찌르고 상하게 하는 것을 보았다면 탄식이 절로 나왔을 것이다. 그런데 당신의 처지가 바로 이 사람과 같다. 당신이 현재 하는 일은 이 사람이 했던 일과 다를 바 없다.

지금 당신이 하고 있는 모든 행동이 당신을 찌르고 상하게 만들고 있다. 잠들어 있는 당신의 양심이 죽음을 거쳐 심판대 앞에 서면 감각이 살아나 모든 상처의 고통을 느끼게 될 것이다. 죄를 깨달은 죄인은 죄의 비참한 속박을 받게 된다. 양심이 그를 꾸짖고, 죄의 결과가 무엇인지 말해준다. 하지만 정욕의 노예가 되어 계속 죄를 지으면 지옥에 간다는 것을 알면서도 중단하지 못한다. 욕망은 유혹이 찾아올 때 그의 모든 약속과 맹세를 깨뜨리고 그를 멸망으로 끌고 간다.

영원한 복수의 불구덩이가 당신을 위해 준비되어 있다

지옥과 멸망이 당신을 향해 입을 크게 벌린다. 그것들은 그 욕망을 크게 내어 당신을 집어삼키려고 한다(사 5:14). 당신이 가까이 서면 그것들은 탐욕스러운 눈으로 기다린다. 인간의 노함이 "사자의 부르짖음 같고"(잠 19:12) 모래보다 무거울진대(잠 27:3) 하물며 무한하신 하나님의 진노는 어떠하겠는가? 느부갓네살 왕이 불같이 노하여 용광로를 일곱 배나 뜨겁게 해서 하나님의 세 자녀를 던지려고 가까이 다가온 사람들을 태워죽였거늘 하물며 전능자의 진노의 용광로는 얼마나 더 뜨겁겠는가? 그분의 진노의 용광로는 일곱에 일흔을 곱한 것만큼 더 뜨거울 것이다. 영원히 지옥의 땔감이 된다고 생각하니 어떤가?

내가 네게 보응하는 날에 네 마음이 견디겠느냐 네 손이 힘이

있겠느냐 겔 22:14

당신은 영원한 불구덩이를 견딜 수 있겠는가? 꺼지지 않는 불속에 거하며, 불이 붙어 불꽃을 튀기는 쇠처럼 당신의 몸과 영혼이 하나님의 복수의 불길에 휩싸이는 것을 견딜 수 있겠는가? 그 뜨거운 용광로를 견딜 수 있겠는가?

하나님의 뛰어난 종들도 하나님께서 얼굴을 감추실 때 하나님의 진노를 두려워하며 탄식했다. 그렇다면 하나님께서 진노의 대접을 쏟아 부어 당신에게 고통을 안겨주실 때 당신은 어떻게 견디려는가? 당신의 양심을 통로 삼아 진노를 당신의 영혼에 영원히 쏟아 부으실 때 당신은 어떻게 견디려는가? 죄로 가득 찬 당신의 모든 땀구멍에 고통을 채우실 때 당신은 어찌하려는가? 그때는 죽지 못하는 것이 비극이요 짐승처럼 죽어서 영원히 없어지는 것이 최고의 복일 것이다. 그러나 아무리 바라고 눈물로 호소한다 해도 그런 복은 없을 것이다.

지금 당신은 심판의 날을 잊고 즐겁게 살면서 주님을 두려워하지 않을 수도 있다. 그러나 주님이 당신을 고통의 침상에 던지시고(계 2:22), 당신을 슬픔 중에 눕게 하실 때(사 50:11) 어떻게 견디겠는가? 고통의 부르짖음과 신성모독이 당신의 유일한 음악이 되고, 하나님의 진노의 잔에 담긴 '진노의 포도주'(계 14:10)가 당신의 유일한 음료가 될 때 당신은 어찌하려는가? 고통의 연기가 영원히 피어오르고, 밤낮으로 쉬지 못하고, 양심에 안식이 없고, 뼈에 편함이 없으며 가증함과 놀램과 저주와 치욕거리가 될 때(렘 42:18) 당신은 어떻게 견디려는가?

죄인이여, 이제 멈추고 깊이 생각하라. 당신이 감각 없는 나무토막이 아니라 사람이라면 한번 생각해보라. 지금 어디에 서 있는지 살펴보라. 당신은 지금 멸망의 낭떠러지 끝에 서 있다. 한 발짝만 잘못 내디디면 낭떠러지 아래로 떨어질 것이다. 당신이 오늘밤 몇 시에 잠들지 모르겠지만, 아침이 되기 전에 지옥에 가 있을 수도 있다.

그런데도 내 말을 대수롭지 않게 여길 것인가? 아무 문제도 없는 것처럼 계속 살아갈 것인가? 당신이 멸망의 경고를 피하면서 "나와는 상관없는 일이다"라고 말한다면, 앞부분을 다시 읽고 내게 진심을 말해달라.

회개하지 않은 자들의 불길한 특징들이 당신에게서 하나도 발견되지 않는가? 진실을 가리지 말라. 자신을 속이지 말라. 당신의 비참함을 똑똑히 보고 늦기 전에 대책을 세워라. 하나님께 버림받은 저주스러운 진노의 그릇이 어떤 것인지 깊이 생각해보라. 그 진노의 그릇에 영원히 고통을 부어주실 것이다. 하나님의 진노는 영원히 끌 수 없는 맹렬한 멸망의 불이다. 만일 당신이 자신의 행위를 살피고 신속히 회개하여 돌이키지 않으면 영원한 불속에서 살아야 한다.

죄인이여, 내가 당신의 비위를 맞추는 말을 늘어놓는다면 그것은 당신을 꺼지지 않는 불속으로 밀어 넣는 것과 다름없다. 당신이 회개하지 않으면 영원한 불속에 누워 있어야 한다. 당신은 불사성不死性이 죽을 때까지, 불변성이 변할 때까지, 영원한 시간이 다 흘러갈 때까지, 전능全能이 변질되어 형벌의 능력을 잃어버릴 때까지 불구덩이 속에서 살아야 한다. 당신이 거룩하게 하는 은혜를 통해 진정으로 새롭게 되지 않으면 이 같은 형벌을 모면하지 못할 것이다.

율법은 온갖 경고와 저주를 당신 앞에 내놓는다

율법의 청천벽력이 얼마나 무서운가? 율법은 삼켜버릴 듯한 불길을 당신의 면전에 토해낸다. 율법의 말은 뽑아든 칼이요, 용사의 날카로운 화살이다. 율법은 완전한 복종에만 만족하고, "공의! 공의!"라고 외친다. 그것은 당신에게 피와 전쟁과 상처와 죽음을 선포한다. 당신의 죄에서 떠나 당신의 요새요 성소요 도피성이신 그리스도께 가라! 그분 안에 숨어라. 그렇지 않으면 다시는 빠져나올 수 없는 영원한 멸망의 구덩이로 떨어질 것이다.

복음 자체가 당신에게 영원한 멸망의 선고를 내린다

만일 당신이 죄를 뉘우치고 회개하지 않으면, 복음이 당신을 정죄하게 된다. 복음의 정죄는 단지 첫 언약을 어긴 것에 대한 정죄보다 훨씬 더 무섭다. 복음에서 경고의 말씀이 자주 발견되는 것을 볼 때 우리는 마땅히 두려워해야 한다. 여호와께서 시온에서 부르짖으시는 것을 들을 때 우리는 마땅히 떨어야 한다(욜 3:16). 주님의 무서운 경고의 말씀을 들어보자.

> 믿지 않는 사람은 정죄를 받으리라 막 16:16

> 너희도 만일 회개치 아니하면 다 이와 같이 망하리라 눅 13:3

> 그 정죄는 이것이니 곧 빛이 세상에 왔으되 사람들이 자기 행위
> 가 악하므로 빛보다 어두움을 더 사랑한 것이니라 요 3:19

> 아들을 순종치 아니하는 자는 영생을 보지 못하고 도리어 하나
> 님의 진노가 그 위에 머물러 있느니라 요 3:36

> 천사들로 하신 말씀이 견고하게 되어 모든 범죄함과 순종치 아
> 니함이 공변된 보응을 받았거든 우리가 이같이 큰 구원을 등한
> 히 여기면 어찌 피하리요 히 2:2,3

> 모세의 법을 폐한 자도 두세 증인을 인하여 불쌍히 여김을 받지
> 못하고 죽었거든 하물며 하나님 아들을 밟고 자기를 거룩하게
> 한 언약의 피를 부정한 것으로 여기고 은혜의 성령을 욕되게 하
> 는 자의 당연히 받을 형벌이 얼마나 더 중하겠느냐 히 10:28,29

이 모든 말씀이 사실인가? 당신이 이렇게 비참한 처지인가? 그렇다! 하나님께서 살아 계신 것이 사실이듯이 이 모든 말씀도 사실이다. 눈을 가리고 마음을 완고하게 하지 말고 눈을 떠서 자신을 살피고 고쳐라. 때를 놓치면 당신이 지금 외면하는 것을 장차 영원히 몸으로 고통스럽게 느껴야 하기 때문이다. 이런 진리의 말씀을 듣고도 지금과 같은 상태에서 계속 우물쭈물하면서 늑장을 부리면 장차 어찌하려는가?

슬프다! 불쌍한 사람아, 죄가 당신을 철저히 파괴하고 부패하게 만

들었구나! 죄가 영원한 행복을 추구하겠다는 생각조차 앗아갔구나! 오, 비참하고 가련한 사람아! 어리석음과 무감각이 당신을 사로잡았구나! 내가 당신을 쳐서 잠에서 깨어나게 해야겠다. 당신의 육신 안에 거하는 자가 누구냐? 이해력과 이성理性을 갖춘 영혼이냐? 아니면 감각 없는 바보냐?

당신은 이성적 존재이다. 그런데도 당신은 자신이 불사不死의 존재라는 것을 망각하고 자신을 죽어 없어질 짐승으로 간주할 정도로 변해버렸다. 당신의 미래가 영원하다는 것을 알 수 있는 이성이 분명히 당신에게 있는데도, 당신은 영원히 비참하게 살아야 한다는 사실을 대수롭지 않게 여긴다. 사실 이것은 짐승보다 훨씬 못한 것이다. 왜냐하면 짐승은 '이성 없이' 판단하지만 당신은 '이성을 거슬러' 판단하기 때문이다.

불행한 영혼아, 당신은 한때 사람의 영광이요 천사들의 친구요 하나님의 형상이었다. 세상에서 하나님의 대리인이요 피조세계의 수장首長이요 창조자가 지은 피조물의 관리인이었다. 그런 당신이 이제 감각의 노예가 되어 있다니! 불사不死의 영적 본성에 어울리지 않게 고운 흙이나 조금 쌓아올리고 있구나! 영원이라는 시간을 어디에서 보내야 할지 왜 생각해보지 않는가? 죽음이 가까웠고, 심판자가 네 문 앞에 계신다. 조금만 더 시간이 흐르면 회개할 기회가 영영 없는데도 돌이키지 않으면서 위험을 감수하려는가? 분명히 기억하라! 기회를 놓치면 다시는 빠져나올 수 없는 불행의 구덩이로 떨어지고 만다.

깨어 일어나 가장 시급한 문제에 신경 써라. 지금 어디로 가고 있는가? 현재 삶의 방식을 바꾸지 않겠다고 말하는가? 분명히 알라. 그 길은 오직 지옥으로 이끌 뿐이다. 다음에 잠자리에 누우면 지옥에서 깨어날 수도 있다는 것을 왜 모르는가? 조금이라도 이성이 있다면 깊이 생각해보라. 그리고 돌이켜 진정한 친구의 말에 귀를 기울여라. 그러면 당신이 늦기 전에 돌이켜 영원한 복을 얻을 수 있도록 내가 당신의 비참한 상태를 보여주겠다. 주님의 말씀을 들어라.

> 여호와께서 말씀하시되 너희가 나를 두려워 아니하느냐 내 앞에서 떨지 아니하겠느냐 렘 5:22

당신은 장차 임할 진노가 두렵지 않은가? 분명히 말하지만, 하나님의 진노 앞에 벌벌 떨게 될 날이 도래할 것이다. 귀신들도 믿고 떤다! 당신의 마음을 귀신들의 마음보다 더 강퍅하게 하겠는가? 정말 벼랑 끝에 서겠는가? 독사의 구멍에서 장난치려는가? 독사의 굴에 손을 집어넣으려는가? 당신을 멸망시킬 하나님의 진노가 아무 상관없다는 듯이 그분의 진노를 가지고 장난하려는가?

이 세상에서 가장 미친 사람은 회개하지 않았으면서도 아무 가책이나 감각 없이 그대로 살아가는 완고한 죄인이다. 대포 구멍에 머리를 집어넣고 자신의 생명을 담보로 장난하면서 야단법석을 떨다가 목숨을 잃는 사람보다 더 미련하고 미친 사람은 죄 가운데 계속 머무는 사람이다.

> 이는 그 손을 들어 하나님을 대적하며 교만하여 전능자를 배반함이니라 그는 목을 굳게 하고 두터운 방패로 하나님을 치려고 달려가나니 욥 15:25,26

    두 번째 사망인 불과 유황으로 타는 불못에 뛰어드는 것이 지혜로운가? 내가 무슨 말을 더해야 알아듣겠는가? 죄에서 돌이키지 않으려는 영혼이 얼마나 무섭고 어리석은 짓을 하고 있는지 뼈에 사무치도록 말해주고 싶지만, 더 이상의 표현력이나 비유도 남아 있지 않다.

    깨어라! 죄인이여, 일어나 피하라! 당신이 피할 길은 딱 한 길이다. 그것은 회개와 거듭남의 좁은 길이다. 당신의 모든 죄로부터 돌이키고 예수 그리스도께 나아와 그분을 당신의 주主와 의義로 영접하고 그분 안에서 생명의 거룩함과 새로움 가운데 행하라. 그렇지 않으면 불과 며칠 만에 당신이 지옥에 떨어져 있을 수도 있다. 이것은 지금 당신이 지옥 밖에 있다는 사실만큼 확실하다.

    제발 당신의 처지를 깊이 생각하라. 영원히 복된 삶을 살 것인지 저주받은 삶을 살 것인지를 결정하는 문제에 왜 시간을 투자하지 않는가? 회개하지 않은 자들의 비참함에 대해 다시 생각해보라. 주께서 나를 통해 말씀하지 않으셨다면 내 말을 무시해도 좋다. 하지만 당신이 영원히 비참한 운명에 처할지도 모른다는 내 말이 하나님의 말씀이라면, 당신은 지금 지극히 위험한 상태에 있는 것이다.

    영원한 멸망을 피하기 위해 최대한 신속히 돌이키지 않고 지금과 같은 상태에 계속 머무는 것은 제정신을 가진 사람이 할 일이 아니다.

이 세상에서 사업에 성공하기 위해 앞날을 예측하고 위험과 죽음을 피하기 위해 앞을 살필 정도로 지혜로운 당신이 영원한 운명을 결정짓는 일을 왜 그토록 하찮게 여기는가? 누가 당신을 미혹하였기에 그토록 중요한 일에 관심이 없는가? 하나님의 모든 속성들이 당신을 대적하도록 만드는 것을 작은 일로 여기는가?

하나님의 은총 없이 살 수 있다고 믿는가? 그 손에서 벗어날 수 있다고 생각하는가? 하나님의 복수를 견딜 수 있다고 믿는가? 피조세계가 당신 때문에 신음하는 소리가 들리지 않는가? 지옥이 당신을 달라고 아우성치는 소리가 들리지 않는가? 이런 소리를 들으면서도 당신에게 아무 문제가 없다고 생각하는가?

당신은 부패한 세력에 종속되어 있지 않은가? 악취가 진동하는 어두운 감옥에서 욕망의 족쇄에 묶여 있지 않은가? 이런 것들이 당신을 멸망으로 끌고 가고 있는데, 더 이상 생각해보지 않아도 된다는 말인가? 율법에 기록된 경고와 저주와 두려운 심판을 어린애들의 장난기 섞인 농담 또는 협박 정도로 가볍게 여기려는가? 당신은 지옥과 멸망을 웃어넘기려는가? 전능자의 진노의 독배毒杯를 쓴 약사발 정도로 여기려는가?

내가 당신의 두 눈을 똑바로 보며 물을 것이니, 대장부처럼 허리를 동이고 내게 답하라. 당신은 리워야단처럼 당신의 교만의 비늘들로 창조주에게 대항하려는가? 하나님의 화살이 밀짚으로, 사형 틀이 썩은 나무토막으로 보이는가? 당신은 화살을 지푸라기로 여기고 위협적인 창을 비웃는 교만의 제왕이 되려는가? 하나님의 화살집이 당신을 향해 달그락 소리를 내고 하나님의 창과 방패가 위협적으로 번득이는데도 당신은 두려움을 조롱하고 하나님의 칼날에 맞서려는가?

성경의 경고와 부름이 당신을 깨우지 못한다면 죽음과 심판이 그렇게 할 것이다. 주께서 당신을 찾아와 대적하시고 하나님의 진노가 당신을 덮치고 지금 나의 경고가 당신에게 현실로 나타날 때 당신은 어찌하려는가? 다니엘을 참소한 원수들이 사자 굴에 던져졌을 때, 그들이 바닥에 닿기도 전에 사자가 그들의 모든 뼈까지 부수었다. 그렇다면 당신이 살아 계신 하나님의 손에 빠져들면 어떻게 되겠는가?

하나님께 저항하지 말라. 돌이켜 회개하라! 그러면 내가 경고한 저 주스러운 일들이 당신에게 일어나지 않을 것이다.

> 너희는 여호와를 만날 만한 때에 찾으라 가까이 계실 때에 그를 부르라 악인은 그 길을, 불의한 자는 그 생각을 버리고 여호와께로 돌아오라 그리하면 그가 긍휼히 여기시리라 우리 하나님께로 나아오라 그가 널리 용서하시리라 사 55:6

CHAPTER 06

회개하지 않는 자를 위한 생명의 지침

죄인아, 듣고 생각하라. 당신이 죄를 버리면 하나님께서 그리스도를 주실 것이다.
당신이 멸망한다면 구주께서 오시지 않고 생명의 길이 제공되지 않아서가 아니다.
그것은 당신이 구주보다는 살인자를, 그리스도보다는 죄를, 빛보다는 어둠을 더 사랑하기 때문이다.

당신이 이 지침들을 읽기 전에 하나님과 거룩한 천사들 앞에서 당신에게 권고하겠다. 아니, 명령한다. 내가 말하는 회개하지 않은 자들을 위한 지침이 하나님의 말씀에 부합하고 당신에게 적용된다는 판단이 양심에 내려지면, 그 지침을 따르겠다고 결심하라. 그리고 그 지침이 당신에게서 완전히 효과를 볼 수 있도록 하나님의 도움과 복을 구하겠다고 결심하라. 나는 당신에게 무슨 권고를 해야 할지 알기 위해 주님의 말씀을 연구하면서 기도했다.

아직도 희망은 있다

당신도 살아 계신 하나님의 말씀이 요구하는 경외심과 경건과 순종의 마음으로 나의 권고를 기쁘게 받아들여라. 이제 말씀 한 구절을 보자.

> 내가 오늘날 너희에게 증거한 모든 말을 너희 마음에 두고 너희 자녀에게 명하여 이 율법의 모든 말씀을 지켜 행하게 하라 이는 너희에게 허사가 아니라 너희의 생명이니 신 32:46,47

내가 지금까지 이야기한 것은 당신이 하나님께 돌이키겠다고 결심하도록 만들기 위함이다. 때가 이르기 전에 영원한 비극에 대한 생각을 심어주어 당신을 귀찮게 하거나 고통스럽게 만들려는 의도는 없다. 내가 무서운 경고의 말을 하는 것은 오직 당신이 피할 길을 얻게 하려는 것이다. 만일 당신의 비참한 현재 상태가 영원히 돌이킬 수 없는 구제불능의 상태라면, 차라리 당신에게 아무 말도 하지 않는 것이 당신에게 자비를 베푸는 일일 것이다. 다시 말해서, 당신이 이 세상에서 얻을 수 있는 작은 위로나마 얻도록 그냥 두는 것이 당신에게 긍휼을 베푸는 일이 된다.

그러나 당신이 회복될 수 있는 수단을 완고하게 거절하지 않는 한 아직도 당신에게는 희망이 있다. 보라, 내가 당신 앞에 문을 활짝 열어 놓았으니 일어나 도망하라. 생명의 길, 그 안에서 행하라. 그러면 죽지 않고 살 것이다. 베드로는 주께 "그리 마옵소서"(마 16:22)라고 말씀드렸다. 베드로와 같지는 않더라도 하나님과 사람들이 당신에게 "그리하지 말라"라고 하는데도 당신이 자멸하려고 천길 낭떠러지에서 뛰어내리면 내 가슴이 찢어질 것이다.

불경건한 사람들이 멸망하는 것은 고집을 꺾지 않기 때문이다. 바울은 자살하려는 간수에게 "네 몸을 상하지 말라"(행 16:28)라고 소리쳤다. 하나님께서도 불경건한 자들에게 "너 자신을 상하게 하지 말라"라고 소리치신다. 그리스도의 일꾼들도 그들에게 경고하고 돌이키려고 애쓰지만 그들의 충고와 간청은 허사가 된다. 그들을 불쌍히 여기는 사람들이 쳐다보는 가운데 그들은 지옥으로 뛰어든다.

온 나라에 전염병이 기승을 부리고 있는데 어떤 사람에게 치료제가 있다고 가정해보자. 그런데 그의 친구들과 이웃들이 그 치료제를 사용하지 않고 무수히 죽어간다면 그의 가슴이 아프지 않겠는가? 당신의 얼굴에 사망의 징후들이 나타난다 해도 내게는 당신을 완전히 고칠 수 있는 치료제가 있다. 내 지침을 따르라. 그렇게 했는데도 천국에 가지 못한다면 나도 천국을 기꺼이 포기하겠다.

죄인이여, 들어라! 내 얘기를 듣고 나면 당신도 회개와 구원을 간절히 원하게 될 것이다. 내 충고에 귀를 기울여라.

지침 1   회개하지 않은 상태로는 천국에 이를 수 없음을 명심하라!

오직 그리스도만이 당신을 구하실 수 있다. 그런데 그분은 당신이 거듭나고 회개하지 않으면 구원받을 수 없다고 말씀하신다. 천국의 열쇠를 가지고 계신 하나님의 허락 없이는 천국에 들어갈 수 없다. 자연적 상태로는 천국에 들어갈 수 없으므로 철저하고 진정한 회개를 거쳐야 한다.

지침 2   당신의 죄를 철저히 살피고 뼛속 깊이 느끼도록 노력하라!

무거운 죄에 눌려 지치고 양심의 가책을 느끼고 죄가 역겨워질 때 사람들은 비로소 치료받기 위해 그리스도께 나아와 "제가 어떻게 해야 합니까?"라고 진지하게 묻는다. 그들은 자기들이 죽은 사람이라고 느낄 때 비로소 생명을 얻기 위해 그리스도께 나아온다. 그러므로 당신의 모든 죄들을 하나씩 차근차근 떠올리려고 노력해보라. 직시하는 것을 두려워하지 말고 부지런히 생각해내라.

당신의 마음과 삶을 깊이 살펴라. 당신과 당신의 모든 행위를 철저히 조사하여 죄를 낱낱이 밝혀라. 당신 혼자서는 이 일을 감당할 수 없다는 것을 인정하고 하나님의 영의 도움을 구하라. 죄를 깨닫게 하는 것이 그분이 본래 하시는 일이다.

당신의 마음과 눈에서 눈물이 날 때까지 당신이 지은 모든 죄들을 당신의 양심 앞에 펼쳐놓아라. 하나님과 당신의 영혼이 벌이는 씨름을 포기하지 말라. 죄책감에 못 이겨 (광명의 비췸을 입은 간수처럼) "내가 어떻게 하여야 구원을 얻으리이까"(행 16:30)라고 부르짖게 될 때까지 포기하지 말고 다음과 같이 해보라.

당신의 죄가 얼마나 되는지 깊이 생각해보라. 다윗은 자신이 지은 죄가 머리카락의 수보다 많다는 것을 알고 낙심했다. 그래서 그는 하나님께 무한한 자비를 베풀어달라고 구했다. 혐오스러운 시체에 구더기들이 들끓는 것이 보이는가? 그보다 더 많은 더러운 욕망이 거룩하게 되지 못한 사람의 마음속에서 들끓고 있다. 그의 머리와 마음과 눈과 입에는 더러운 욕망이 가득하다.

한번 돌이켜보라. 당신이 죄를 짓지 않았던 때가 있었는가? 죄를 짓지 않았던 장소가 있었는가? 당신의 속을 들여다보라. 당신의 육체와 영혼의 모든 부분과 새능이 전부 죄에 오염되어 있다. 당신이 어떤 의무를 준행했다고 해도 그곳에는 죄의 독이 침투해 있다. 당신의 빚을 전부 합하면 얼마나 크겠는가! 당신은 평생 빚을 지고 살아 왔지만, 한 푼도 갚지 않았고, 갚을 능력도 없다. 당신 본성의 죄를 보라. 그리고 그 본성이 낳은 저주스러운 죄들을 보라.

해야 할 것들을 하지 않은 죄, 하지 말아야 할 것들을 행한 죄, 생각과 말과 행동으로 지은 죄, 젊어서 지은 죄, 성장해서 지은 죄를 모두 기억해내라. 회계장부를 보기 두려워하는 파산자처럼 굴지 말라. 양심의 기록을 꼼꼼히 읽어라. 조만간 양심의 기록이 공개될 것이다.

당신의 죄가 얼마나 악한지 깊이 생각해보라. 죄는 하나님의 큰 원수요, 당신 영혼의 큰 원수이다. 한마디로 말해서, 죄는 인류 전체의 원수이다. 일찍이 다윗, 에스라, 다니엘 그리고 선한 레위인들은 죄가 하나님과 그분의 선하고 의로우신 법을 대적한다는 것을 알았다. 대부분의 사람들은 하나님의 경고를 무시하고 죄를 짓지만 그들은 하나님께서 긍휼을 베푸신다는 것을 가슴 깊이 깨달았다. 그래서 자기들의 죄를 무척 가슴 아파했다.

죄가 세상에 저질러놓을 것들을 보라! 죄는 사망을 불러들인 원수요, 인간을 노예로 만들고 인간의 권리를 강탈한 원수이다. 또한 세상을 뒤집어엎은 원수요, 인간과 피조세계 사이에 불화不和의 씨앗을 뿌린 원수이다. 죄는 인간끼리 서로 갈등하게 만들었고, 심지어 인간이 자기 자신과 갈등하게 만들었다. 죄는 인간의 동물적 부분과 이성적 부분 사이, 인간의 의지와 판단 사이, 인간의 욕망과 양심 사이에 충돌이 일어나게 만들었다.

그중에서도 죄가 하나님과 인간을 서로 불화하게 만든 것이 가장 나쁘다. 죄 때문에 하나님께서는 인간을 지극히 불쾌하게 여기기 시작하셨고, 인간은 하나님을 미워하게 되었다. 어찌 당신은 이토록 무서운 죄를 가볍게 여기는가? 죄는 하나님의 아들의 피에 굶주린 반역자요, 주님을 팔아넘기고 조롱하고 채찍질한 반역자이다. 죄는 주님의 얼굴에 침을 뱉고, 손에 못을 박고, 옆구리를 찌르고, 영혼을 괴롭히고, 그분의 몸을 파괴했다.

죄는 주님을 묶고 정죄하고 십자가에 못 박고 공개적으로 수치를 당하기까지 결코 그분을 떠나지 않았다. 죄는 치명적인 독이다. 그 한 방울이 인류의 뿌리에 뿌려지자 인류 전체를 부패시키고 오염시키고 멸망시켰다. 죄는 선지자, 순교자, 사도, 족장, 왕 그리고 권력자를 죽이고 도시와 제국과 열국을 멸망시킨 잔인한 사형집행관이다. 이런 잔인한 사형집행의 도구가 무엇이었든지 간에 그 원인은 죄였다. 그런데도 당신은 아직도 죄를 대수롭지 않게 여기는가?

아담과 그의 후손을 무덤에서 파내 하늘에 닿을 정도로 쌓아놓고 "누가 이들을 죽인 극악무도한 잘못을 범했는가?"라고 묻는다면, 그 대답은 바로 "죄!"이다. 죄에 대한 두려움과 혐오감이 극에 달할 때까지 죄의 본질을 깊이 생각해보라. 또한 당신의 특정한 죄들이 얼마나 악한지도 생각해보라. 하나님의 모든 경고, 당신의 기도, 은혜의 방편들, 잘못을 바로잡으려는 노력, 아주 분명한 깨달음, 풍성한 사랑, 당신의 결심, 약속과 서원, 순종의 언약, 이런 것들이 있었는데도 당신이 어찌 죄를 짓게 되었는지 깊이 생각해보라. 당신이 선한 사람이라는 착각이 산산이 부서지고 부끄러워서 얼굴이 붉어질 때까지 당신의 죄들을 깊이 생각해보라.

죄의 형벌에 대해 깊이 생각하라. 죄는 하늘을 향해 부르짖고 보복을 요구한다. 죄에 대한 정당한 보응은 사망과 멸망이다. 죄는 하나님의 저주를 사람들의 몸과 영혼에 임하게 한다. 죄악 된 말이나 아무리 작은 생각일지라도 그것 때문에 인간은 하나님의 무한한 진노 아래 놓인다. 머리털보다 더 많은 당신의 모든 죄에 마땅히 떨어져야 할 진노와 저주와 보복이 얼마나 무거운지 느껴보라. 주님의 심판을 면하려거든 지금 당신 자신을 잘 살펴라.

죄가 얼마나 추하고 더러운지를 생각해보라. 죄는 지옥처럼 사악하다. 죄는 영혼 위에 그려진 악마의 형상이다. 당신의 본성이 가증스러운 기형畸形임을 알게 된다면 두려움에 떨 것이다. 죄보다 더러운 진흙탕도 없고, 죄보다 불쾌한 전염병이나 문둥병도 없다. 이런 죄 속에 풍덩 뛰어들어 뒹구는 것은 거룩하고 순결한 하나님의 본성과는 어울리지 않는 역겨운 것이다. 당신은 두꺼비를 가슴에 품고 기뻐할 수 있겠는가? 그렇게 하기에는 두꺼비가 너무 혐오스러운가? 예수님의 보혈과 새롭게 하시는 은혜를 통해 깨끗하게 되지 못하면, 하나님의 거룩하고 순결한 본성에는 당신도 마치 두꺼비처럼 혐오스러운 존재로 보일 뿐이다. 다른 죄보다도 우선 다음 두 가지 죄를 살펴보자.

첫째, 마음속의 죄

부패의 뿌리를 그냥 내버려둔 채 가지만을 잘라내는 것은 소용이 없다. 시냇물을 아무리 퍼낸다 해도 수원水源에서 물이 계속 흘러나와 다시 그 자리를 메우기 때문이다. 다윗처럼 회개의 도끼가 죄의 뿌리를 쳐서 뽑아내게 하라. 바울처럼 사망의 몸 때문에 몸부림칠 때까지 인간의 선천적 부패가 얼마나 깊고 영속적이고 보편적인지에 대해 깊이 생각하라.

마음이 본래 뿌리까지 썩어 있다는 것을 뼈저리게 느낄 때 비로소 무너진다. 분명히 알라! 죄는 모든 선한 일에 소극적이 되게 하고 모든 악한 일에는 적극적이 되게 한다. 죄는 당신의 마음에 맹목, 교만, 편견, 불신不信을 집어넣는다. 죄는 당신의 의지에 증오와 불화와 완고함을 싹트게 하고, 당신의 감정을 지나치게 뜨겁게 하거나 지나치게 차갑게 한다.

죄는 당신의 양심에 무감각과 불성실의 씨앗을 뿌린다. 죄는 당신의 기억을 믿지 못할 것으로 만든다. 죄는 영혼의 모든 바퀴들이 제자리를 이탈하게 만들었고, 거룩한 처소가 되어야 할 영혼을 온갖 악의 소굴로 만들어버렸다. 죄는 당신의 몸을 더럽게 하고 왜곡시켰고, 그것들을 불의의 병기兵器와 죄의 종으로 만들어버렸다. 죄는 머리가 육욕적이고 부패한 계획을 짜내도록 만들고, 손이 죄악을 행하게 만들고, 눈이 음욕으로 가득하여 번득이게 만들고, 혀가 치명적인 독을 쏟아내게 만들었다.

죄 때문에 인간은 거짓말과 아첨과 음담패설에 귀를 기울이고, 생명의 교훈에는 귀를 막게 되었다. 죄 때문에 인간의 마음은 온갖 치명적인 망상의 저주스러운 근원이 되어, 쉬지 않고 자연스럽게 사악한 것들을 쏟아낸다. 샘이 쉼 없이 물을 흘려보내고 바닷물이 진흙과 더러운 것들을 해변에 토해내듯이 말이다. 그런데도 당신은 여전히 당신 자신을 사랑하고, 당신의 마음이 선하다고 말하겠는가?

에브라임처럼 자신에 대해 슬퍼할 때까지 당신 마음의 선천적 부패를 깊이 생각하라. 세리처럼 수치심과 슬픔 중에 가슴을 치고 욥처럼 자신을 혐오하며 먼지와 재 가운데 애통해 하며 회개하라.

둘째, 자주 탐닉하는 죄

당신이 자주 탐닉하는 특정한 악을 깊이 생각하고 그 특정한 악이 심화되어 다양한 형태로 나타나는 것에 주목하라. 그 악에 대한 하나님의 모든 경고들을 마음 깊이 새겨라. 회개는 죄의 무리를 전부 몰아내지만, 그중에서도 특히 좋아하는 죄에게 화살을 명중시켜 쓰러뜨린다. 당신이 탐닉하는 죄를 특히 가증스럽게 여기고, 몇 배 더 경계하고, 버리겠다고 더욱 굳게 결심하라. 이런 죄가 하나님의 영광을 가리고 당신에게 지극히 위험하기 때문이다.

지침 3   당신의 비참한 현재 상태를 가슴 깊이 절감하라!

앞 장을 반복해서 읽고 당신의 마음 판에 새겨라. 잠자리에 들 때에는 내일 아침에 불길 속에서 깨어날 수도 있다는 것을 기억하라. 아침에 일어나면 당신이 그날 밤에 지옥에서 잠자리를 펼 수도 있다는 것을 기억하라. 이토록 무서운 상태에서 살고 있는 것이 대수롭지 않은가? 바닥이 보이지 않는 구덩이 속으로 떨어질 수도 있는 벼랑 끝에서 비틀거리며 걷는 것을 가벼운 일로 보는가? 언제라도 병에 걸려 죽어서 즉시 불구덩이 속으로 떨어질 수 있는 상태에서 위태롭게 살아가는 것이 가볍게 보이는가?

어떤 사람이 유죄판결을 받아 느부갓네살의 풀무불 위에 매달려 있다고 가정해보자. 그는 단 한 가닥의 줄에 매달려 있다. 이런 광경을 보면 당신의 마음이 덜덜 떨릴 것이다. 그런데 영적으로 보면, 당신도 이 사람과 다를 바 없다. 지금 이 책을 읽는 당신이 구원에 이르는 회개를 하지 않았다면 바로 이 사람과 같은 입장이다. 당신의 생명 줄이 끊어지면 어떻게 하려는가?

오늘밤, 아니 오늘 오후에 생명 줄이 끊어지지 않는다고 누가 장담할 수 있겠는가? 만일 끊어진다면 당신은 어디로 가겠는가? 어디로 떨어지겠는가? 진실로 말하건대, 이 줄이 끊어지는 순간 당신은 불과 유황으로 타는 못으로 떨어질 것이다. 하나님께서 살아 계시는 한 당신은 그곳에서 빠져나올 수 없다.

이런 이야기를 들으면서도 떨리지 않는가? 당신의 눈물이 이 책을 적시지 않는가? 가슴이 두근두근하지 않는가? "이제 어떻게 해야 하는가?" 하고 탄식하며 가슴을 치게 되지 않는가? 당신의 마음은 돌덩어리인가? 하나님을 두려워하는 마음이 사라졌는가? 당신을 사랑하고 불쌍히 여기는 마음조차 사라졌는가?

물에 빠진 사람이 구조선을 찾고, 부상당한 사람이 외과 의사를 애타게 찾듯이 그리스도를 간절히 찾고 싶은 마음이 생길 때까지 당신의 비참함에 대해 깊이 생각하라. 사람들은 그들이 처한 위험을 보고 그들의 치명적 질병과 상처의 고통을 느껴야 한다. 그렇지 않으면 그리스도라는 명의名醫에게 도움을 받을 수 없다.

옛날에는 살인자가 복수하려는 자에게 쫓길 때 도피성으로 황급히 달려갔다. 그러나 구원을 얻고자 하는 자는 황급히 잘못된 상태에서 빠져나와야 한다. 그렇지 않으면 '그리스도'라는 도피성에 이를 수 없다. 탕자를 아버지 품으로 돌아가게 만든 것은 그가 당한 극단적 궁핍과 고통이었다.

라오디게아교회처럼 "나는 부자라 부요하여 부족한 것이 없다"(계 3:17)라고 말하는 자에게는 소망이 없다. 이런 사람은 자신의 곤고한 것과 가련한 것과 가난한 것과 눈먼 것과 벌거벗은 것을 먼저 깨달아야 한다. 그래야 그리스도께 나아가 불로 연단한 금을 사서 부요하게 하고, 흰 옷을 사 입어 벌거벗은 수치를 보이지 않게 하고, 안약을 사서 눈에 발라 보게 할 수 있다.

양심의 눈을 크게 떠라. 당신의 비참함을 뼛속 깊이 느껴라. 두려움을 피하려고 당신의 비참함을 외면하지 말라. 당신이 비참함을 느끼는 것은 상처가 주는 통증을 느끼는 것에 비유된다. 상처의 통증을 느껴야 치료를 위해 노력하지 않겠는가? 고통을 느끼더라도 지금 치료하는 것이 치료를 외면하다가 영원히 고통을 느끼는 것보다 낫다.

지침 4 행위의 도움을 받으려는 생각을 버리고 자신을 잘 살펴라!

기도하고 성경을 읽고 설교를 듣고 고백하고 행실을 고친다고 해서 문제가 해결되는 것은 아니다. 이런 것들에 힘을 쏟아야 하지만, 여기에 안주하면 멸망한다. 예수 그리스도가 아닌 다른 어떤 것을 붙들어서 멸망을 면하려고 한다면 소망이 없다. 당신은 당신의 지식과 지혜와 의義와 능력을 부인하고 대신 그리스도를 온전히 의지해야 한다.

그렇지 않으면 멸망을 피할 수 없다. 자신을 신뢰하고 자기의 의를 세우고 육신을 의지하는 사람은 그리스도께 나와 구원을 얻을 수 없다.

당신에게 유익한 것을 해로운 것으로, 당신의 강한 것을 약한 것으로 여겨라. 당신의 의義가 누더기요 썩은 것임을 알 때 비로소 당신은 그리스도로부터 문제 해결의 복을 얻을 수 있다. 생명이 없는 시체가 스스로 결박한 줄을 끊고 수의壽衣를 벗어버릴 수 있겠는가? 만일 그럴 수 있다면, 허물과 죄로 죽어서 창조주를 올바로 섬길 수 없는 당신도 자신을 구원할 수 있을 것이다. 그러나 그런 상태로 하나님을 섬기는 것은 불가능하다.

그러므로 당신이 기도하거나 묵상하려고 하거나 이 책에서 제시하는 지침을 따르려고 할 때, 당신을 부인否認하고 성령님의 도움을 구하라. 당신의 힘으로는 하나님을 기쁘시게 할 수 없다. 그렇다고 해서 당신의 의무를 게을리 해서는 안 된다. 에티오피아의 내시가 성경을 읽고 있을 때 성령님이 빌립을 그에게 보내셨음을 기억하라. 사도들이 기도하고 고넬료와 그의 친구들이 말씀을 들을 때에도 성령님이 그들에게 임하여 충만케 하셨다.

지침 5 당신의 모든 죄들을 남김없이 버려라!

죄의 습관에서 벗어나지 못하면 당신은 멸망할 것이다. 악에서 떠나지 않는 자가 그리스도에게 생명 얻기를 바라는 것은 헛된 일이다. 죄를 버려라. 그렇지 않으면 긍휼을 얻을 수 없다. 죄와 이혼하지 않으면 그리스도와 결혼할 수 없다. 당신 속의 반역자를 내쫓지 않으면 하늘과 화해할 수 없다. 들릴라의 무릎을 베고 눕지 말라.

　죄와 결별하든지 영혼을 잃어버리든지 양자택일을 하라. 한 가지 죄라도 버리지 않으면 하나님께서 당신을 버리실 것이다. 당신의 죄는 죽어야 한다. 그렇지 않으면 당신이 그것들 때문에 죽어야 할 것이다. 만일 당신이 한 가지 죄라도 계속 품고 있다면, 그것이 아무리 작고 은밀한 죄라도 문제가 된다. 당신이 아무리 수백 가지 변명과 핑계를 댈지라도 그 죄를 살리기 위해서는 당신의 영혼이 죽어야 한다. 죄를 위해 그토록 비싼 대가를 치러야 하겠는가?

　죄인아, 듣고 생각하라. 당신이 죄를 버리면 하나님께서 그리스도를 주실 것이다. 이것은 아주 공정한 거래이다. 오늘 나는 당신에게 분명히 증거한다. 당신이 멸망한다면 구주께서 오시지 않고 생명의 길이 제공되지 않아서가 아니다. 그것은 유대인들처럼 당신이 구주보다는 살인자를, 그리스도보다는 죄를, 빛보다는 어둠을 더 사랑하기 때문이다.

　유월절 전에 유대인들이 누룩을 찾기 위해 집안을 살핀 것처럼 당신도 촛불을 켜들고 자신을 살펴라. 당신의 죄를 찾아내라. 골방으로 들어가 깊이 생각해보라.

　'내가 어떤 악惡 속에서 살아왔나? 하나님에 대한 의무 중 어떤 것을 소홀히 했는가? 내 형제에게 죄를 지으며 살아오지는 않았는가?'

　요압이 창으로 압살롬의 심장을 뚫었듯이, 당신 죄의 심장을 화살로 뚫어라. 멍하니 서서 죄를 바라보고만 있지 말라. 죄를 혀 밑에 두고 계속 굴리지 말라. 그것은 독이다. 두려움과 혐오감에 떨면서 뱉어

버려라. 죄가 당신을 위해 무엇을 해주기에 그토록 애지중지하는가?

죄가 당신을 즐겁게 해주긴 하지만 그러는 동안에 죄는 당신에게 독을 뿌리고, 당신을 멸망으로 이끌고, 당신의 머리 위에 공의로우신 하나님의 진노를 쌓아올린다. 죄는 당신에게 지옥문을 활짝 열어주고 지옥의 땔감을 잔뜩 쌓아놓는다. 죄가 당신을 위해 마련해놓은 교수대를 보라.

죄를 하만처럼 취급하라(에 7:9,10). 죄가 당신을 겨냥하여 계획했던 사형집행을 당신이 먼저 죄에게 실행하라. 죄를 버리고 십자가에 못 박고 오직 그리스도를 주인으로 모셔라.

지침 6 · 하나님을 당신의 기업과 복으로 엄숙히 선택하라!

최대한의 헌신과 공경의 마음을 담아 주님을 당신의 하나님으로 인정하라. 자랑거리와 허식虛飾과 화려함과 쾌락과 출세를 제공하는 세상이 당신의 한쪽에 있다. 그리고 무한히 위대하고 완전하신 하나님께서 다른 쪽에 계신다. 이제 분명히 의지적으로 선택하라.

하나님 안에서 안식처를 찾아라. 하나님의 그늘 아래 앉아라. 하나님의 약속과 완전하심이 온 세상을 누르고 승리하도록 하라. 주님이 조금도 부족함 없는 기업基業이심을 명심하라. 당신이 주님을 의지하여 살기만 하면 비참해지지 않는다는 것을 가슴 깊이 새겨라. 주님을 당신의 방패와 큰 상급으로 믿어라. 온 세상보다 더 크신, 하나님 한 분으로 만족하라. 다른 사람들이 세상의 좋은 것과 명예를 의지하여 살아갈지라도 당신은 그분의 은총과 얼굴빛에서 행복을 찾아라.

불쌍한 죄인아, 당신이 하나님을 떠나 있어서 하나님의 능력과 진노가 당신을 대적하고 있다. 그렇지만 하나님께서는 풍성하신 은혜로 그리스도 안에서 당신의 하나님이 되려고 하신다. 이제 어떻게 하겠는가? 주님을 당신의 하나님으로 모시겠는가? 내 말을 따르면 하나님을 당신의 하나님으로 모실 수 있다.

그리스도를 의지해 하나님께로 나와 쾌락과 물질과 명예라는 우상을 버려라. 이런 것들을 보좌에서 끌어내고 하나님의 뜻을 소중히 여겨라. 당신의 마음과 인생의 목적에서 그분께 가장 높은 자리를 드려라. 그분은 두 번째 자리를 결코 받지 않으신다. 당신은 성부와 성자와 성령을 영접하여 인격적 관계를 맺어야 하고, 하나님의 완전한 속성들을 모두 인정하면서 그분께 복종해야 한다.

첫째, 성부와 성자와 성령을 영접하여 인격적 관계를 맺으라

우선, 성부 하나님을 당신의 아버지로 모셔라. 탕자처럼 그분께 나와 이렇게 말씀드려라.

"아버지여 제가 하늘과 아버지께 죄를 얻었사오니 지금부터는 아버지의 아들이라 일컬음을 감당치 못하겠나이다. 저는 하나님 앞에서 지극히 사악하여 인간이 아닌 짐승 같은 존재이지만 하나님께서 무한한 자비 가운데 저를 자녀로 받아주기를 기뻐하시니 저는 엄숙히 하나님을 제 아버지로 영접하고, 저를 하나님의 보호와 섭리에 의탁하고, 제 짐을 하나님께 맡깁니다. 저는 아버지의 채워주심을 의지하고, 아버지의 고쳐주심에 순종하고, 아버지의 날개 그늘 아래에서 안식하고, 아버지의 방 안에 숨고, 아버지의 이름으로 피합니다. 저는 제 자신을 더 이상 신뢰하지 않고 아버지를 의지합니다. 저는 이제 아버지의 자녀임을 선언합니다. 아버지를 위해 살고 다른 사람을 위해 살지 않을 것입니다."

당신은 성자 하나님을 당신의 구주와 구속자救贖者와 의義로 영접해야 한다. 주님이 아버지와 생명에 이르는 유일한 길이시라는 것을 믿고 받아들여야 한다. 그러므로 종살이할 때 입던 옷을 벗어버리고 혼인 예복을 입고 가서 그리스도와 혼인하라. 그분께 이렇게 말씀드려라.

"주님, 저는 주님의 것입니다. 제 모든 것, 즉 제 몸과 영혼과 재산이 모두 주님의 것입니다. 주께 제 마음을 드립니다. 저를 온전히, 영원히 주께 드립니다. 제 모든 것에 주님의 이름을 새기고, 그것들을 모두 주께 바치고, 주님의 이름으로 사용하겠습니다. 저를 다스릴 왕은 주님 한 분이십니다. 이제까지는 다른 주인들이 저를 지배했지만, 이제부터는 오직 주님의 이름만 부르겠습니다. 다른 모든 경쟁자들보다 먼저 주님을 섬기고 두려워하겠다고 충성을 서약합니다.

저는 제 의義를 포기합니다. 저의 행위와 미덕에 의지하여 죄사함을 받고 구원받겠다는 생각도 버리겠습니다. 저를 용서하고 생명을 주시기 위해 희생제사와 중보기도를 드리신 분은 오직 주님이시오니 저는 오직 주님만을 의지합니다. 주께 인도를 받고 지혜를 얻겠다고 결심하면서 주님을 저의 유일한 안내자와 교사로 받아들입니다."

이제 성령 하나님을 이렇게 모셔라. 당신을 거룩하게 하시는 분으로, 당신의 옹호자로, 당신의 고민을 의논할 수 있는 상대로, 당신의 위로자로, 당신의 무지를 깨우쳐주시는 분으로, 당신의 기업을 보증하고 증거하시는 분으로 영접해야 한다.

> **북풍아 일어나라 남풍아 오라 나의 동산에 불어서 향기를 날리라** 아 4:16

성령 하나님께 이렇게 말씀드려라.

"지극히 높으신 분의 영이시여, 오소서! 여기에 성령님을 위한 성전聖殿이 있나이다. 여기에서 영원히 안식하소서. 여기에 거하소서. 보소서, 저의 모든 소유물을 드립니다. 제 마음의 열쇠를 드립니다. 제 모든 재능과 몸을 도구로 사용하여 의를 이루시고 하늘 아버지의 뜻을 행하시도록 모든 것의 사용권을 주께 드립니다."

둘째, 하나님의 완전한 속성들을 인정하고 복종하라

주님이 어떻게 말씀을 통해 자신을 당신에게 계시하셨는지 생각해 보라. 당신은 계시된 대로 주님을 당신의 하나님으로 받아들이겠는가? 죄인아, 사람의 아들들에게 전해진 소식 중 가장 복된 소식이 여기에 있다.

당신에게 지극히 높으신 주님과 가까워지려는 마음만 있다면 그분이 당신의 하나님이 되어주신다는 것이다. 당신은 자비롭고 은혜롭고 죄를 용서하시는 하나님을 당신의 하나님으로 삼고 싶은가? 내가 이렇게 물으면 아마 당신은 "물론입니다. 그렇지 않으면 나는 멸망할 것입니다"라고 대답할 것이다.

그런데 하나님은 당신에게 이렇게 말씀하신다.

"나는 죄를 미워하는 거룩한 하나님이다. 내 백성 중 한 사람으로 인정받으려거든 네가 거룩해야 한다. 마음도 거룩하고 생활도 거룩해야 한다. 너의 죄악이 아무리 자연스럽고, 소중하고, 세상에서 유용하게 사용된다 할지라도 그것을 모두 버려야 한다. 네가 죄와 원수가 되지 않으면 나는 네 하나님이 될 수 없다. 누룩을 버려라. 네 행위의 악을 버려라. 악행을 중지하라. 선행을 배워라. 내 원수들을 쫓아내라. 그렇지 않으면 너와 나 사이에 화평은 없다."

이 말씀에 당신은 어떻게 대답하겠는가? 이렇게 대답하라.

"주님, 주님이 거룩하시듯이 저도 거룩하기를 원합니다. 주님의 거룩하심에 참여하기를 원합니다. 주님의 선하심과 자비하심뿐만 아니라 거룩하심과 순결하심 때문에 저는 주님을 사랑합니다. 거룩함의 근원이 되소서.

제게 주님의 거룩하심의 도장을 찍으소서. 주님이 명령하시면 저는 감사하는 마음으로 제 모든 죄와 작별할 것입니다. 이제부터 저의 강퍅한 죄를 모두 버리겠습니다. 뿌리 깊은 저의 나쁜 버릇들을 한꺼번에 다 제거할 수는 없겠지만, 그에 대항하여 계속 싸울 것입니다. 혐오스러운 죄들을 이기게 해달라고 기도할 것입니다. 저는 그것들이 내 안에 거하도록 허락하지 않을 것입니다."

사랑하는 자여, 당신이 이렇게 하나님을 영접한다면 그분은 당신의 하나님이 되실 것이다. 당신뿐만 아니라 누구라도 마찬가지다. 그분은 당신에게 다시 이렇게 말씀하실 것이다.

"나는 모든 것을 채워줄 수 있는 하나님이다. 너는 모든 것을 내 발 앞에 내려놓고, 내 처분에 맡기고, 나를 너의 유일한 기업으로 받아들이겠느냐? 나의 전능함을 인정하고 그런 나의 능력을 높이겠느냐? 나를 너의 행복과 보배와 소망과 축복으로 믿겠느냐? 나는 태양이고 방패이다. 나를 너의 모든 것으로 삼겠느냐?"

이 말씀에 당신은 어떻게 반응하겠는가? 아직도 당신은 애굽의 파와 고기 가마를 그리워하는가? 세상의 즐거움을 포기하고 하나님의 기업만을 얻는 것이 싫은가? 하나님도 좋고 세상도 좋은가? 하나님 한 분만으로는 만족할 수 없는가? 당신이 원하는 만큼 세상과 친해져도 좋다는 그분의 허락이 떨어지면 재빨리 세상으로 달려가고 싶은가? 이런 생각들이 있다면 당신은 아주 위험한 상태에 있는 것이다. 그러나 모든 것을 다 팔아서라도 값진 진주를 얻겠다는 마음이 있다면 그리고 다음과 같이 대답할 용의가 있다면, 그분을 영접하라(그러면 그분이 당신의 하나님이 되실 것이다).

"주님, 저는 주님 외에는 다른 기업을 원하지 않습니다. 곡식과 포도주와 기름은 그것들을 원하는 사람이 갖게 하소서. 저는 주님의 얼굴에서 발하는 빛을 갖는 것으로 만족합니다. 주님을 제 행복의 근원으로 삼겠습니다. 저는 즐거운 마음으로 감히 주께 나아갑니다. 저 자신을 주께 맡깁니다. 주께 소망을 두고, 주님 안에서 안식을 누립니다. 저에게 '나는 너의 하나님이고 너의 구원이다'라고 말씀해주소서.

이렇게 말씀해주시면 저는 더 이상 바랄 것이 없습니다. 주님이 동의하지 않으시는 조건을 내걸지 않겠습니다. 제가 주님을 확실히 소유하게 하소서. 주님을 저의 소유로 주장할 수 있게 하소서. 주님에 대한 저의 권리를 허락하소서. 그 외에는 주님 뜻대로 하소서. 저에게 많이 주셔도 좋고, 적게 주셔도 좋습니다. 어떤 것을 주셔도 좋고, 아무것도 주지 않으셔도 좋습니다. 저는 저의 하나님으로 만족할 것입니다."

하나님께서는 다시 당신에게 이렇게 말씀하신다.

"나는 주권적 주인이다. 네가 나를 너의 하나님으로 삼으려면 내게 최고의 것을 바쳐야 한다. 나보다 죄나 세상의 유익을 앞세워서는 안 된다. 네가 내 백성이 되려면 내가 너를 지배해야 한다. 네 뜻대로 살아서는 안 된다. 내 멍에 아래로 들어오겠는가? 내 통치에 무릎을 꿇겠는가? 내 훈련과 말과 징계에 복종하겠는가?"

그분이 이렇게 말씀하시면 당신은 다음과 같이 말씀드려야 한다.

"주님, 제 뜻대로 살기보다는 주님의 명령에 따라 살겠습니다. 제 뜻이 이루어지는 것보다 주님의 뜻이 이루어지기를 원합니다. 저는 주님의 법을 인정하고 동의하며, 그 법 아래 사는 것을 특권으로 여깁니다. 육신이 반란을 일으켜 종종 주님의 법을 어기지만 저는 주님만을 주인으로 모시기로 결심합니다. 주님을 최고로 여기고 주님을 제 주권자로 인정하겠다고 기꺼이 서약합니다. 저는 평생 주께 경배와 순종과 사랑과 봉사를 바치고 죽기까지 주님을 위해 살겠다고 결심합니다."

이런 태도가 하나님을 올바로 영접하는 것이다. 다시 말해서, 하나님께서는 당신에게 이렇게 말씀하신다.

"나는 진실하고 성실한 하나님이다. 네가 나를 너의 하나님으로 모시려면 나를 기꺼이 신뢰해야 한다. 너는 내 말에 너 자신을 맡기고, 나의 성실함을 의지하고, 내 안에서 너의 안전함을 확신하겠느냐? 이 땅에서 가난과 고통과 수치를 당하면서도 기꺼이 나를 따르겠느냐? 저 세상에서 네가 높아질 때까지 기꺼이 참고 기다리겠느냐? 의인義人들의 부활 때까지 기꺼이 수고하고 고난당하고 너의 상급을 기다리겠느냐? 나의 약속이 언제나 즉시 이루어지는 것은 아니다. 그런데도 인내심을 가지고 기다릴 수 있겠느냐?"

사랑하는 자여, 하나님의 이런 말씀에 당신은 어떻게 반응하겠는가? 하나님께서 이런 분이심을 알고도 당신의 하나님으로 모시겠는가? 믿음으로 사는 삶을 기꺼이 받아들이겠는가? 눈에 보이지 않는 행복, 하늘나라, 영광을 위해 그분을 믿고 의지하겠는가? 당신은 진심에서 우러나와 이렇게 말씀드려야 한다.

"주님, 저는 감히 제 자신을 주께 맡깁니다. 주님을 의지하고 주님만 믿습니다. 저는 제가 의지하는 분을 압니다. 저는 기꺼이 주님의 말씀을 믿을 겁니다. 저의 재물보다 주님의 약속이 더 귀합니다. 세상의 온갖 즐거움보다 천국의 소망이 더 소중합니다. 주님이 기뻐하시는 일, 주님이 원하시는 일을 행할 것입니다. 그렇게 하면 하늘나라에 대한 주님의 성실하신 약속이 제 것이 될 것입니다."

당신이 이렇게 깊이 생각하고 신뢰하는 가운데 하나님을 영접하면 그분이 당신의 하나님이 되어주실 것이다. 그러나 그분의 자비를 얻겠다고 하면서도 죄를 사랑하고 거룩함과 순결함을 미워한다면, 그분을 시혜자施惠者와 후원자로는 모시지만 주권자와 기업基業으로는 모시지 않는다면, 철저하고 진정한 회개를 한 것이 아니다.

지침 7 주 예수님의 모든 직무를 당신의 것으로 받아들여라!

이런 조건을 받아들여야 당신은 그리스도를 영접할 수 있다. 죄인이여, 당신은 자신을 멸망시켰고 도저히 빠져나올 수 없는 아주 비참한 구덩이에 빠졌다. 그러나 그리스도께서는 당신을 도울 수 있으시고 또 돕기를 원하신다. 그리스도께서 자신을 당신에게 값없이 주겠다고 말씀하신다. 지금 당신이 하나님의 이름으로 제공되는 은혜의 기회를 소홀히 하지 않는다면, 당신의 죄가 아무리 많고 무겁고 오래되었더라도 확실히 용서받고 구원받을 수 있다.

주 예수님은 당신에게 자신을 의지하고 구원받으라고 초대하신다(사 45:22). 주께 나아오라. 주님은 당신을 내쫓지 않으실 뿐만 아니라(요 6:37) 당신과 화해하기를 간절히 원하고 계신다(고후 5:20). 주님은 거리에서 소리쳐 외치고(잠 1:20) 당신의 문을 두드리고 계신다. 당신에게 자신을 영접하여 함께 살자고 초대하신다(계 3:20). 만일 당신이 멸망당한다면 당신이 그분께 나아와 생명 얻기를 거절했기 때문이다(요 5:40).

그리스도를 지금 영접하라. 그리하면 영원한 구원을 얻을 것이다. 그분이 제공하시는 구원을 받아들여라. 당신은 영원한 승리를 얻게 된다. 온 세상이 나서서 막아도 당신의 승리를 막을 수 없다. 구원받을 자격이 당신에게 없다 해도 뒤로 물러서지 말라. 당신이 구원을 원하지 않는 경우를 제외하면, 그 무엇도 당신을 멸망시킬 수 없다.

말해보라! 주님이 주시는 구원을 받아들이겠는가? 당신과 모든 면에서 관계를 맺기 원하시는 그리스도를 당신의 주님, 당신의 왕, 당신의 제사장, 당신의 선지자로 모시겠는가? 주님을 영접하고 그분의 십자가를 지겠는가?

아무 생각 없이 그분을 영접하지 말고, 먼저 앉아서 그 비용을 계산해보라. 그분의 발 앞에 모든 것을 내려놓고, 모든 것을 그분께 맡기고 구원의 길에 오르겠는가? 어떤 길로 인도하시든 간에 그 길을 가겠는가? 당신을 부인하고 당신의 십자가를 지고 그분을 따르겠는가?

깊이 생각하고 충분히 이해한 다음, 어떤 난관이 있더라도 그분을 따르겠다고 자발적으로 결심했는가? 그렇다면 당신은 멸망하지 않을 것이고, 사망에서 생명으로 옮겨진 것이다. 당신의 구원의 핵심은 당신이 언약에 근거하여 그리스도와 가까워졌다는 것이다. 당신의 영혼을 진정으로 사랑한다면, 하나님과 당신의 영혼에게 성실하라.

지침 8 당신의 모든 능력과 재능과 관심을 주께 바쳐라!

> 저희가 먼저 자신을 주主께 드리고 고후 8:5

> 너희 몸을 하나님이 기뻐하시는 거룩한 산제사로 드리라 롬 12:1

주님이 원하시는 것은 당신의 재물이 아니라 바로 당신이다. 그러므로 당신의 몸과 당신의 영혼과 그 능력들을 주께 드리라. 그러면 주님의 소유가 된 당신의 몸과 영혼을 통해 주님이 영광을 받으실 것이다.

그리스도께 가까이 나아가는 사람은 그의 모든 재능을 주께 바치게 된다. 이런 사람은 "주님, 주님은 우리의 온전한 순종을 받기에 합당하시며, 만인萬人의 왕이십니다. 주님을 아는 자는 복 있는 사람입니다. 우리가 원하는 모든 것도 주님에 비하면 보잘것없습니다"라고 고백하게 된다(잠 3:13-15).

이런 사람은 참된 깨달음을 얻은 결과로 그리스도와 그분의 길에 대한 편견과 썩어빠진 추론推論과 트집을 버린다. 쓸데없는 의심을 버리고 세상에 맞서 그리스도를 선택하고 그리스도 안에 있는 것이 좋다고 결론 내린다. 그는 모든 것을 다 주고서라도 얻어야 할 그리스도의 보물, 그리스도의 진주를 발견하고 이렇게 외친다(마 13:44-46).

"인간이 발견할 수 있는 최고의 보물이 여기에 있구나! 긍휼 중에 준비된 최고의 명약名藥이 여기에 있구나! 내가 영원무궁토록 흠모하고 선택하고 사랑하고 따르고 숭모하고 감탄하기에 합당하신 분이 바로 그리스도이시다(계 5:12). 나는 그분의 계약조건을 인정한다. 그의 조건은 의롭고 도리에 맞고 공평하고 자비롭다."

그의 '의지'도 항복하게 된다. 이렇게 고백할 수 있는 사람은 자기의 뜻을 내세우지 않으며 흔들림이 없고 확고하다.

"주님, 주님의 사랑이 저를 굴복시켰습니다. 주님이 저를 얻으셨고, 제 주인이 되셨습니다. 주여, 저에게 오소서! 주께 제 마음을 활짝 엽니다. 저는 주님의 방법으로 구원받는 것에 동의합니다. 주께 저의 모든 것을 드립니다. 저는 주님만 있으면 됩니다."

'기억력'도 그리스도께 복종하면서 이렇게 말한다.

"주님, 여기에 주님을 위한 창고가 있습니다. 이 안의 쓰레기를 치워주시고 대신 보물을 가득 채워주소서. 이곳이 주님의 진리와 약속과 섭리의 저장소가 되게 하소서."

'양심'도 주님께 이렇게 말씀드린다.

"주님, 저는 언제나 주님 편에 서겠습니다. 저는 주님의 충실한 기록원記錄員이 되겠습니다. 죄인이 유혹을 받을 때 경고하고, 그가 주님의 뜻을 어길 때 그를 때리겠습니다. 저는 주님을 위해 증거하고, 주님의 뜻에 따라 판단하고, 주님의 길로 인도하겠습니다. 이 영혼 안에 죄가 들어와 안식하는 것을 결코 용납하지 않겠습니다."

'감정'感情도 그리스도께 굴복한다. '사랑'은 그리스도께 "오, 저는 주님을 사모합니다"라고 말씀드리고, '소원'은 "오, 내가 찾던 분이 이제 내 안에 계신다. 모두가 바라는 분이 여기에 계신다. 이분은 나의 양식이요 향유이시다. 내가 바라는 모든 것이시다"라고 고백할 것이다. '두려움'은 경외심과 공경심에 사로잡혀 무릎을 꿇고 "주님, 어서 오십시오. 주께 경의를 표합니다. 주님의 말씀과 징계가 제 행동을 인도하게 하소서. 주님의 징계와 말씀을 경외하고 숭모합니다. 그 앞에 엎드려 경배합니다"라고 고백할 것이다.

'슬픔'도 "주님, 주님을 불쾌하게 만들고 주님의 영광을 가리는 것, 주님 백성의 불행, 그들의 죄가 저를 울게 만듭니다. 주께서 불쾌감을 느끼실 때 저는 탄식하고, 주님의 큰 뜻에 흠집이 생기면 저는 눈물을 흘립니다"라고 말씀드릴 것이다. '분노'도 주님 앞에 나아와 "죄가 아첨하는 말에 도취하고 사탄이 주님을 대적하도록 유혹하는 말에 귀를 기울일 때 저는 정말 화가 납니다. 세상에 이보다 더 화나는 일은 없습니다"라고 고백할 것이다.

'증오'도 주님 앞에 무릎 꿇고 "주님의 원수들이 곧 저의 원수입니다. 저는 그들과 결코 친구가 되지 않을 것입니다. 죄와 영원히 싸우겠습니다. 죄를 살려주지 않을 것이고, 죄와 화해하지도 않을 것입니다"라고 말씀드릴 것이다. 이렇게 당신의 모든 것이 예수 그리스도께 복종하게 하라.

다시 말하지만, 당신은 당신의 모든 것을 주께 바쳐야 한다. 그분께 드리지 않고 당신의 것으로 남겨놓은 것이 있다면, 그것 때문에 멸망할 것이다(눅 14:33). 주님을 영접하기 위해 당신의 마음을 준비하고 결심할 때 모든 것을 버리지 않으면 예수님의 제자가 될 수 없다. 주님을 모시는 데 당신의 부모나 당신의 생명이 걸림돌이 된다면 부모나 당신의 생명까지 미워해야 한다. 당신은 당신 자신과 당신의 모든 것을 아낌없이 주께 드려야 한다. 그렇지 않으면 그분의 소유가 되지 못한다.

지침 9 그리스도의 법을 따라 당신의 말과 생각과 행동을 다스리라!

진정으로 회개한 사람은 다음과 같은 선택을 한다. 이 선택에도 세 가지 원칙이 있다.

첫째, 그리스도의 모든 법을 받아들여야 한다

부분적인 순종으로는 천국에 갈 수 없다. 신앙생활의 쉬운 부분만 받아들이는 것으로는 충분하지 않다. 자기를 부인否認하고 육신의 소원을 억제하는 값비싼 선택이 있어야 한다. 전부를 받아들이느냐 아니면 전부 거부하느냐 하는 양자택일이 있을 뿐이다. 진정으로 회개한 사람은 큰 죄와 무거운 의무뿐만 아니라 작은 죄와 가벼운 의무도 양심에 따라 처리한다.

둘째, 평탄의 때나 역경의 때 언제라도 그리스도의 법을 따라야 한다

진정으로 회개한 사람은 자기의 길을 흔들림 없이 가면서, 자신의 선택을 고수한다. 바람이 분다고 해서 등 돌리지 않고, 시류時流를 따라 신앙생활하지 않는다.

> 내가 주의 증거에 밀접하였사오니 … 내가 주의 율례를 길이 끝까지 행하려고 내 마음을 기울였나이다 … 주의 증거로 내가 영원히 기업을 삼았사오니 … 주의 율례에 항상 주의하리이다
>
> 시 119:31,112,111,117

셋째, 그리스도의 법을 따르려면 자기가 하려는 것이 무엇인지 알고 의도적으로 실천해야 한다

불순종한 아들은 "예, 가겠습니다"라고 말한 다음에 가지 않았다(마 21:28,29). 이스라엘 사람들이 "우리 하나님 여호와의 당신에게 이르시는 것을 다 우리에게 전하소서 우리가 듣고 행하겠나이다"(신 5:27)라고 기꺼이 약속했을 때 그들은 정말로 그렇게 할 것 같았다. 그러나 시험

이 닥치자 그들에게는 약속을 지키고 싶은 마음이 사라졌다.

  그리스도의 법과 길을 진정으로 따르려는가? 그렇다면 그리스도의 법과 길의 의미와 넓이와 깊이를 철저히 연구하라. 그리고 그 법들이 영적인 것임을 기억하라. 이것이 마음의 생각과 성향까지 지배해야 한다. 따라서 그에 따라 살고자 한다면, 마음속 생각과 감정들이 그 지배를 받아야 한다.

  다시 말하지만, 그리스도의 법과 길은 당신의 선천적 성향과 완전히 반대되기 때문에 당신에게 엄격한 자기부정을 요구한다. 당신은 좁은 길로 가야 하고 좁은 문으로 들어가야 한다. 육신은 자유를 원하지만 육신을 억제해야 한다. "주의 계명은 심히 넓으니이다"(시 119:96)라는 시편 기자의 말처럼 그리스도의 법과 길은 그지없다.

  그리스도의 일반적인 명령에 안주하며 만족해서는 안 된다. 왜냐하면 그때 스스로 속을 수 있기 때문이다. 주님의 구체적인 명령에 주목하라. 선지서에 나오는 유대인들은 이 세상 어떤 사람들보다 더 확고히 하나님께 순종할 것처럼 보였다. 심지어 그들은 하나님을 증인으로 삼아 자신들의 진실성을 보증하려고 했다.

  그러나 그들은 일반적 명령들의 한계를 뛰어넘지 못했다. 주님의 명령이 자기들의 뜻에 맞지 않았을 때 그들은 순종하지 않았다(렘 42:1-6, 43:2). 웨스트민스터 대요리문답을 구해, 계명들에 대한 그 탁월하고 종합적인 설명을 읽고 마음에 새겨라. 당신에게 요구되는 모든 의무를 양심적으로 준행하고 금지된 모든 죄를 대적하겠다고 그리스도의 힘에 의지하여 결심했는가? 이렇게 하면 하나님의 율례에 완전케 되어 수치를 당하지 않을 것이다(시 119:80).

당신이 특별히 지키기 싫은 의무가 무엇이고, 당신이 특별히 끌리는 죄가 무엇인지 생각해보라. 그리고 전자前者를 행하고 후자後者를 버리겠다는 결심이 섰는지 확인하라. 당신이 소중히 여기는 죄, 당신에게 이익을 주는 죄에게 당신은 무엇이라고 말하는가? 육신이 싫어하고 위험스럽고 힘든 의무들에 대해서는 또 무엇이라고 말하는가? 하나님의 은혜에 힘입어 육신을 이기고 진지해지겠다는 결심에 이르지 못한 채 현재 상태에 맥없이 주저앉으면 당신은 온전하지 못한 것이다.

지침 10 하나님과 당신 사이의 엄숙한 언약 안에서 온전해지게 하라!

주님 앞으로 조용히 나아갈 시간을 내라. 1회로 끝내지 말고 여러 번 하라. 주님의 특별한 도우심을 구하고 당신을 은혜 가운데 받아달라고 간절히 구하라. 당신의 모든 죄들을 버리고 당신의 몸과 마음을 그분께 바치고 평생 거룩함과 의義 가운데 그분을 섬기겠다는 마음이 진정 당신에게 있는지 확인해보라.

마음을 차분히 가라앉히고, 이토록 중요한 일을 정확히 처리할 수 있게 최대한 진지한 상태로 유지하라. 하나님의 언약을 붙들고 은혜와 힘을 주시겠다는 주님의 약속에 의지하라. 그렇게 하면 당신이 할 일을 능히 감당할 힘을 얻게 될 것이다. 당신의 힘과 능력을 의지하지 말라. 주님의 능력을 붙들라.

이렇게 준비가 되었다면 편한 시간에 주님 앞으로 나아가라. 엄숙한 마음으로 무릎을 꿇고 하늘을 향해 두 손 들고 주께 마음을 열고 다음과 같이 기도하라.

"오, 지극히 거룩하신 하나님! 그리스도의 십자가 고난에 의지하여 간구합니다. 지금 하나님의 문 앞에 엎드린 이 불쌍한 탕자를 받아주소서. 내 죄악으로 인해 하나님께 멀어져 사실상 죽음의 자식이 되었고, 사악한 행위로 천 배나 지옥의 자식이 되었습니다. 그러나 하나님께서는 제가 전심으로 돌이키기만 하면 그리스도 안에서 무한한 은혜로 긍휼을 베푸시겠다고 약속하셨습니다.

저는 복음의 부름에 응하여 이렇게 하나님 앞에서 무기를 버리고 하나님의 긍휼에 저를 맡깁니다. 하나님과 화목하기 위한 조건으로, 제가 섬기던 우상들을 버리고 전에 짝하던 모든 원수들을 대적하라고 요구하십니다. 저는 지금 그것들을 충심으로 포기합니다. 그리고 제 자신에게 죄를 용납하지 않겠다고 서약하고, 저의 부패한 것들을 죽이고 완전히 멸하기 위해 당신이 정하신 모든 방법들을 양심적으로 사용하겠다고 서약합니다.

전에 저는 세상을 우상으로 섬겨 지나칠 정도로 세상에 집착했지만, 이제는 세상을 만드신 하나님께 제 마음을 바칩니다. 이제 하나님의 영광스러운 위엄 앞에서 이런 저의 굳은 결심을 분명히 말씀드리고, 진심으로 하나님의 은혜를 갈망한다고 단언합니다. 그러므로 이제부터는 하나님께서 저의 순종을 요구하실 때 하나님의 도움을 받아 제 결심을 실천에 옮겨 세상의 소중한 것들을 모두 버리고 죄를 멀리하게 될 것입니다.

또한 이제부터는 번영의 때나 역경의 때에 상관없이 언제나 세상의 모든 유혹들을 경계하여 세상을 멀리하고 대신 당신을 가까이할 것입니다. 이제 저는 사탄의 유혹들을 이길 힘을 달라고 하나님께 간구합니다. 저는 사탄의 종으로 전락하지 않기 위해 당신의 힘에 의지하여 사탄의 사악한 유혹들을 이기겠다고 결심합니다. 저의 의義는 더러운 옷과 같아서 제 의를 신뢰하지 않으며, 제 자신이 의와 힘과 소망과 능력이 없는 멸망의 존재라는 것을 인정합니다.

하나님께서는 무한한 자비와 무궁한 은혜 가운데 제가 하나님을 받아들이기만 하면 지극히 비참한 죄인인 저에게 그리스도를 통해 저의 하나님이 되어주겠다고 하셨습니다. 이제 저는 제가 한 말을 기록하여 증거로 남기라고 하늘과 땅을 증인으로 부릅니다.

저는 하나님을 주 나의 하나님으로 엄숙히 인정합니다. 지극히 공경하는 마음으로 하나님의 무한히 거룩한 위엄의 발 앞에 제 영혼의 목을 숙여 성부와 성자와 성령의 주 여호와 하나님을 저의 기업基業과 지고선至高善으로 삼습니다. 저는 제 몸과 마음을 하나님의 종으로 드리며, 평생 거룩함과 의義 가운데 하나님을 섬기기로 약속하고 서약합니다. 하나님께서 주 예수 그리스도를 하나님께 이르는 유일한 길로 삼으셨기 때문에 이제 저는 혼인의 언약을 통해 그리스도와 하나가 되기로 엄숙히 선언합니다.

오, 거룩하신 예수님, 저는 굶주리고 목마른 채로 주께 나아옵니다. 가난하고 불쌍하고 비참하고 눈멀고 벌거벗은 채 나아옵니다. 저는 혐오스럽게 오염된 악인이요 정죄 받아야 마땅한 행악자라서 주님의 종의 발을 씻길 자격도 없습니다. 하물며 영광의 왕과 어찌 혼인할 수 있겠습니까?

그러나 비길 데 없는 주님의 사랑으로 힘을 다해 주님을 영접하고 주님을 제 머리와 남편으로 삼습니다. 즐거울 때나 슬플 때나 부유할 때나 가난할 때나 어떤 조건을 내걸어도, 죽기까지 항상 주님을 최고로 사랑하고 공경하고 순종하겠습니다. 주님의 모든 사역을 받아들입니다. 이제 저의 의義가 되신 주님으로 인정합니다. 저의 지혜를 거부하고 주님을 제 유일한 안내자로 받아들입니다. 제 뜻을 부인하고 주님의 뜻을 저의 법으로 받아들입니다.

하나님께서는 내가 다스리려고 한다면 고난을 받아야만 한다고 말씀하셨습니다. 그러므로 이제 저는 생명이나 죽음도 주님과 저를 갈라놓을 수 없다는 믿음으로 살면서 어떤 일이 닥치더라도 주님과 운명을 같이하며 주님의 은혜에 힘입어 주님과 함께 온갖 신앙의 모험을 감행하겠다고 약속합니다.

주님이 거룩한 법을 제 삶의 규칙으로 주셔서 주님의 나라에 이르기까지 따르도록 하셨으므로 이제 저는 기꺼이 주님의 멍에를 저의 목에 얹고 당신의 짐을 제 어깨에 메겠습니다. 주님의 모든 법이 거룩하고 의롭고 선하다는 것에 동의합니다. 이제 저는 주님의 법을 저의 말과 생각과 행동의 규칙으로 받아들입니다. 비록 제 육신이 반대하고 반역할지라도 저는 제 모든 삶을 주님의 지시에 굴복시키고 제 모든 의무를 철저히 지키겠다고 약속합니다.

제 육신의 연약함 때문에 많은 결점에 매여 있다는 이유로 겸손한 마음으로 주께 감히 이렇게 구합니다. 제가 원치 않는 저의 단점들이 제 마음의 확고한 결심과 성향을 억누르고 이 언약을 무효로 만드는 일이 일어나지 않게 해주소서. 약속하신 것처럼 저를 도와주실 줄 믿습니다.

마음을 감찰하시는 전능하신 하나님께서는 지금 제가 어떠한 교활함이나 조건 없이 언약을 맺는다는 것을 아십니다. 만일 제 마음에 결점이나 거짓이 있다면 제게 알려주시고 바로잡을 수 있도록 도우소서.

성부 하나님, 이제부터 저는 하나님을 감히 저의 하나님, 제 아버지로 부를 것입니다. 멸망할 수밖에 없는 죄인들을 구하는 길을 허락하신 아버지께 영광을 돌립니다. 성자 하나님, 저를 사랑하셔서 당신의 피로 제 죄를 씻어주시고 저의 구주와 구속자가 되어주신 주께 영광을 돌립니다. 성령 하나님, 당신의 전능한 손가락으로 제 마음을 움직여 죄로부터 하나님께로 돌이키신 당신께 영광을 돌립니다.

높고 거룩하신 여호와, 전능하신 주 하나님, 성부와 성자와 성령이시여! 당신은 제 언약의 친구가 되셨고, 저는 당신의 무한한 은혜로 당신의 언약의 종이 되었습니다. 당신의 뜻을 이루소서! 제가 땅에서 당신과 맺은 언약이 하늘에서 비준되게 하소서."

나는 당신에게 이런 언약을 하나님과 맺으라고 권한다. 단지 마음만이 아니라 말로, 단지 말뿐만이 아닌 글로 써라. 그리고 당신의 글을 마치 후일後日을 위한 증거처럼 지극히 공손한 태도로 주님 앞에 펼쳐놓아라. 그리고 손을 뻗어 그 글에 서명하고 그 글을 하나님과 그분 사이에 맺은 엄숙한 언약의 기념물로 간직하라. 그러면 나중에 의심과 유혹에 시달릴 때 도움을 받을 수 있을 것이다.

지침 11 회개를 미루지 말고 속히 하나님께 마음을 바쳐라!

주의 계명을 지키기에 신속히 하고 지체치 아니하였나이다
시 119:60

긍휼의 문이 닫힌 후에야 문 앞에 도착한 어리석은 처녀들(마 25:10), 바울의 복음 증거를 다음에 듣겠다고 미뤘으나 끝내 다음 기회를 얻지 못한 벨릭스(행 24:25)를 기억하고 두려워 떨라. 오늘이라는 이때에 돌이키라. 그래야 죄의 속임수에 넘어가지 않을 수 있으며 은혜의 날이 끝나기 전에 기회를 잡을 수 있다. 그래야 평화에 관한 일이 당신의 눈에 감춰지지 않는다(눅 19:42).

지금 긍휼이 당신에게 간청하고 있다. 그리스도께서 당신에게 은혜를 베푸시기 위해 기다리고 계신다. 성령님이 당신과 옥신각신하고 계신다. 지금 그리스도의 일꾼들이 당신을 부르고 있고, 양심이 당신을 찌르고 있다. 시장에 있는 가게들의 문이 열려 있고 기름을 살 수 있다. 그리스도를 붙들기만 하면 그분이 당신의 구주가 되어주실 것이다. 은혜의 기회가 찾아왔을 때 붙들라. 지금이 아니면 더 이상 기회는 없다. 이 기회를 가볍게 여기면 하나님께서 진노하시며 그분의 잔치를 맛보지 못하리라 맹세하실 것이다(눅 14:24).

지침 12 하나님께서 회개의 방편으로 세우신 말씀을 성실하게 경청하라!

습관적으로 말씀을 듣지 말고 성실하게 들어라. 말씀을 통해 당신이 회개할 수 있을 거라는 소망과 기대와 바람과 의도를 가지고 들어라. 설교를 들을 때마다 "하나님께서 바로 이 설교를 통해 나를 찾아오시기 바란다. 오늘이 나의 회개의 날이 되고, 하나님께서 오늘의 설교자를 통해 나를 주께 인도하시기를 정말 소원한다"라는 자세로 임하라. 하나님의 집에 와서 은혜의 방편들을 접할 때에는 주님을 향해 눈을 들고 이렇게 말씀드려라.

"주님, 오늘이 안식일이 되게 하소서. 오늘이 새롭게 되는 은혜가 임하는 날이 되게 하소서. 오늘 제가 거듭나서 주님의 소유가 되었다는 말이 나오게 하소서."

혹시 당신은 내게 "나는 오랜 세월 말씀을 들어왔지만, 그 말씀이 내 회개를 이끌어내지는 못했습니다"라고 말할는지 모르겠다.

그것은 사실이다. 그러나 그것은 당신이 내가 말한 방식대로 말씀을 경청하지 않았기 때문이다. 말씀을 회개의 방편으로 여기지도 않고, 말씀을 통해 회개하겠다는 마음도 없고, 말씀의 복된 효과를 위해 기도하지도 않고, 그것을 기대하지도 않았기 때문에 말씀이 당신에게서 열매를 맺지 못한 것이다.

지침 13 성령님이 당신의 마음을 움직이려고 하실 때 순종하라!

성령님이 당신의 죄를 깨닫게 하실 때, 그 깨달음을 피하지 말고 그분의 인도에 따르라. 구원에 이르는 회개를 허락해달라고 성령께 간구하라. 성령의 불을 소멸치 말라(살전 5:19). 성령을 거부하거나 저항하지 말라. 악한 친구들과 어울리거나 세상일 때문에 죄책감에 사로잡히지 말라. 죄 때문에 괴롭고 영원한 운명에 대해 두려움이 생길 때에는 이렇게 기도하라.

"하나님, 제가 철저히 죄를 버리고 미워하게 하소서. 제 마음을 온전히 주께 바치게 해주소서. 저의 죄를 뼈저리게 느끼게 하소서. 죄책감을 어중간하게 느끼다 마는 일이 없게 하소서. 제 마음속 부패한 죄의 밑바닥까지 내려가서 죄의 뿌리를 뽑아주소서."

이처럼 성령님의 활동에 당신을 맡겨라. 당신의 돛을 높이 올려 그분의 바람을 충만히 받아라.

지침 14 진지하고 뜨거운 기도를 쉬지 말고 열심히 드려라!

기도를 소홀히 하는 사람은 거룩하지 못하고 세속적인 죄인이다. 일시적 유혹에 못 이겨 잠시 기도를 하지 않는 경우를 제외한다면, 꾸준히 기도하지 않는 사람은 위선자이다. 사람들이 회개할 때 보여주는 특징은 그들의 기도로 나타난다. 기도에 힘써라. 단 하루도 빼놓지 말고 아침저녁으로 시간을 내어 진지하게 기도하라.

또한 날마다 가족과 함께 하나님께 올바른 예배를 드려라. 하나님의 이름을 부르지 않는 가정에는 화禍가 있을지어다(렘 10:25). 그러나 차갑고 생기 없는 예배로는 천국 가는 길을 절반도 가지 못한다.

뜨겁고 간절한 마음으로 예배해야 한다. 끈질기지 않으면 성공할 수 없다. 침노하는 자만이 하나님나라에 들어갈 수 있다. 그곳에 들어가기 위해 힘써야 한다. 그곳에 들어가는 복을 얻으려면 야곱처럼 눈물을 흘리며 간구하며 싸워야 한다. 은혜를 받지 못하면 영원히 멸망한다. 은혜를 얻기 위해 힘써야 한다. 은혜를 받기 전에는 물러서지 말라. 은혜를 받겠다고 굳게 결심한 사람은 이렇게 말한다.

"나는 은혜를 받기 전에는 결코 포기할 수 없다. 하나님께서 은혜의 능력으로 나를 새롭게 하실 때까지 나는 포기하지 않고 그분께 간청하고 그분과 씨름할 것이다."

지침 15   악한 친구들과 작별하고 죄의 유혹을 이겨라!

죄의 유혹을 이겨내지 못하면 죄로부터 돌이킬 수 없다. 자기부정自己否定을 통해 죄의 유혹을 이겨내지 못하면 죄로부터 벗어나는 회개를 기대할 수 없다. 죄의 미끼를 조금씩 뜯어먹거나 죄의 주변에서 맴돌거나 죄의 덫을 만지작거리면 틀림없이 걸려든다.

하나님의 섭리 가운데 어쩔 수 없는 시험에 처했거나 유혹을 당하는 경우라면 하나님의 도움을 기대할 수 있다. 그러나 우리 스스로 위험에 뛰어들어 하나님을 시험한다면 하나님은 우리를 돕지 않으실 것이다.

모든 유혹 중에서도 가장 치명적이고 나쁜 것은 악한 친구들을 사귀는 것이다. 희망의 싹이 보일 때 악한 친구들이 그것을 짓밟는 경우가 얼마나 많았는가. 그들이 파멸시킨 영혼과 재물과 가족과 도시가 얼마나 많았는가! 많은 죄인들이 한 번 비췸을 얻고 깨달음을 얻고 사탄의 올무에서 벗어나려고 하거나 심지어 벗어났다가도 악한 친구들 때문에 다시 죄의 덫에 걸려들어 그들보다 일곱 배나 더 지옥의 자식이 된다.

당신이 악한 동무들을 끊지 않는 한 희망이 없다. 그들을 버리든지 생명을 버리든지 선택해야 한다. 주께서 칼을 빼 들고 길을 막고 계신데도 당신이 계속 달려간다면 발람의 나귀보다 더 어리석은 자가 되는 것이다. "미련한 자와 사귀면 해害를 받느니라"(잠 13:20)라는 말씀을 당신의 마음에 크게 새겨라. 주께서 이렇게 말씀하셨는데 누가 감히 이 말씀을 뒤집을 수 있겠는가?

다른 분이 아닌 바로 하나님께서 당신에게 미리 경고하시는데도 돌이키지 않다가 결국 멸망하겠는가? 만일 하나님께서 당신의 마음을 바꾸어주신다면 그 증거로 나타나는 것 중 하나가 바로 당신의 친구들이 바뀌는 것이다. 무수히 많은 사람들을 삼켜버린 멸망의 심연深淵을 피하라. 물론 쉽지는 않겠지만, 당신의 악한 친구들은 당신을 조롱하며 신앙생활을 하지 못하게 만들 것이다. 그들은 엄격한 신앙생활이 우스꽝스럽고 불편한 것이라는 편견을 심어주기 위해 온갖 논리를 만들어낼 것이다. 그들은 당신에게 아첨하기도 하고 당신을 은근히 유혹의 자리로 끌어들이기도 할 것이다. 그러나 성령님의 경고를 명심하라.

> 내 아들아 악한 자가 너를 꾈지라도 좇지 말라 그들이 네게 말하기를 우리와 함께 가자 … 너는 우리와 함께 제비를 뽑고 우리가 함께 전대 하나만 두자 할지라도 내 아들아 그들과 함께

> 길에 다니지 말라 네 발을 금하여 그 길을 밟지 말라 … 그들의
> 가만히 엎드림은 자기의 피를 흘릴 뿐이요 숨어 기다림은 자기
> 의 생명을 해할 뿐이니 잠 1:10,11,14,15,18

> 그 길을 피하고 지나가지 말며 돌이켜 떠나갈지어다 … 악인의
> 길은 어둠 같아서 그가 거쳐 넘겨져도 그것이 무엇인지 깨닫지
> 못하느니라 잠 4:15,19

지금 내 말을 듣고 이 글을 읽는 사람들 중에도 그들이 죄를 짓게 하는 장소와 친구들을 가까이하여 멸망할 것을 생각하니 참으로 슬프다. 나는 모세가 이스라엘 사람들에게 권면했던 것처럼 충고하고 싶다.

> 이 악인들의 장막에서 떠나고 민 16:26

전염병 환자를 피하듯 악한 친구들을 피하라. 그들은 마귀의 하수인下手人이 되어 당신을 꾀는 자들이다. 그들에게서 벗어나지 못하면 그들이 당신을 지옥으로 끌고 가서 영원한 멸망을 당하게 할 것이다.

지침 16 하루 동안 금식하고 기도함으로써 당신의 영혼을 겸손히 낮추라!

십계명에 대한 주석을 숙독하고, 이행하지 못한 의무와 계명을 어긴 죄들을 낱낱이 기록하고 목록을 만들라. 부끄러워하고 슬퍼하면서 그것들을 주님 앞에 펼쳐놓아라. 만일 당신이 주님의 조건에 기꺼이

동의한다면, 앞에서 말한 언약을 주님과 엄숙히 맺으라. 그러면 그분이 보시고 당신에게 자비를 베푸실 것이다.

이제까지 당신이 구원받기 위해 해야 할 일을 이야기했다. 이제 하나님의 음성에 순종하겠는가? 이제 일어나 순종의 첫걸음을 내디디겠는가? 생명의 길을 알면서도 극도의 완고함 때문에 결국 멸망한다면 당신은 무슨 말을 할 것인가, 무슨 변명을 내세울 것인가? 내가 이토록 분명하게 제시한 방법을 단지 게을러서 따르지 않을 셈인가? 게으름이 당신을 멸망으로 이끌 것이다. 게으름뱅이여, 일어나 열심을 내라. 회개하라, 그러면 주님이 당신에게 오실 것이다.

"회개의 기도

나는 얼마나 비참한 사람입니까! 죄 때문에 얼마나 끔찍한 상태에 빠져 있습니까? 이제 보니 그동안 제 마음이 줄곧 저를 속였습니다. 내게 아무 문제가 없다는 거짓말로 저를 속였습니다. 이제 알았습니다. 나는 잃어버린 사람이요 망하게 된 사람입니다. 주님이 저를 이 상태에서 구해주지 않으시면 저는 영원히 멸망할 수밖에 없습니다.

주님, 제가 얼마나 더럽고 추한 존재입니까? 혐오스러운 독毒과 악취를 풍기는 썩은 시체가 가증스러운 것처럼 저는 주께 이런 것들보다 더 가증스러운 존재입니다. 저는 제 마음이 선하다고 스스로에게 아첨했지만, 제 마음은 죄의 소굴입니다.

주님, 제가 얼마나 철저히 부패했습니까! 저의 몸, 저의 능력 그리고 행위 모두 부패했습니다. 제 머릿속에서 피어오르는 모든 상상은 항상 악할 뿐입니다. 저는 선을 행할 능력이 없고, 선한 것이라면 무조건 싫고 증오합니다. 항상 악으로 기울어집니다. 제 마음은 죄악 된 생각들이 벌레 떼처럼 우글거리는 죄의 웅덩이입니다. 이곳에서 죄악에 찬 말과 행동이 무수히 쏟아져 나옵니다. 내 영혼을 짓누르는 죄책감이 너무 무겁습니다. 제 머릿속과 마음과 생각과 육체는 죄로 가득 찼습니다.

아, 나의 죄들! 그것들이 저를 뚫어지게 쳐다봅니다. 오호라, 빚쟁이들이 저를 짓누릅니다. 모든 계명들이 벌 떼처럼 저에게 달려들어 만萬 달란트 이상, 아니 만 달란트의 만 배를 갚으라고 요구합니다. 도대체 제가 갚아야 할 빚이 얼마나 많습니까!

온 세상에 하늘을 찌를 듯이 종이가 쌓여 있고 그 종이의 안팎에 숫자를 가득 써넣어 모두 더한다 해도 제가 하나님의 계명 중 지극히 작은 것에 대해 빚진 것에도 미치지 못할 것입니다. 저의 빚이 무한한데 죄는 늘어만 갑니다. 제가 지은 죄들은 무한히 존귀하신 분께 저지른 잘못들입니다. 죽을 수밖에 없는 왕에게 반역해도 사지四肢를 찢기는 형벌을 받는데 하물며 수시로 하늘을 향해 손을 들어 전능자의 왕권과 위엄에 도전한 제가 얼마나 큰 벌을 받아야 하겠습니까!

아, 내 죄들! 내 죄가 군대처럼 몰려옵니다! 무수한 떼입니다! 그 수를 헤아릴 수 없습니다. 무수한 악이 저를 둘러쌌습니다. 저의 죄악들이 나를 붙잡고 대적합니다. 내 모든 죄들이 저를 덮쳐 망쳐놓는 것보다 차라리 지옥의 모든 군대가 나를 대적하는 것이 낫습니다. 주님, 저는 완전히 포위되어 있습니다. 일어나 나를 치는 것들이 얼마나 많습니까! 내 죄들이 사방에서 저를 완전히 에워싸고 있습니다. 그것들이 제 안팎으로 우글우글합니다. 죄들이 나를 무장해제 시키고 이 불쌍한 영혼을 자신들의 요새로 만들어 하나님을 대적합니다.

그것들은 숫자가 많은 만큼 아주 거대합니다. 모래알은 많지만 거대하지는 않고, 산은 거대하지만 많지는 않습니다. 그러나 내 죄들은 모래알처럼 많고 산처럼 거대합니다. 그리고 그 무게는 그 숫자보다 더 큽니다. 그 무게에 짓눌리는 것보다 차라리 바위나 산 밑에 깔리는 것이 나을 것입니다.

주님, 저를 누르는 것이 너무 무겁사오니 긍휼을 베푸소서. 주께서 도와주지 않으시면 저는 깔려 죽을 것입니다. 저를 짓누르는 이 무거운 죄의 짐을 벗겨주소서. 그렇지 않으면 저는 소망 없이 가라앉아 지옥으로 떨어질 것입니다. 저의 비참함과 죄를 저울에 얹는다면 바닷가의 모래보다 더 무거울 것입니다. 제가 무슨 말을 할 수 있겠습니까? 그것들은 모든 바위와 산과 섬보다 무거울 것입니다. 오, 주님! 주님은 저의 죄가 얼마나 크고 많은지 아십니다.

오, 불쌍한 나의 영혼! 오호라, 나의 영광! 얼마나 비참해졌습니까! 한때는 피조세계의 영광이요 하나님의 형상이었던 것이 이제는 더럽고 썩은 것들로 가득한 관棺이 되어 악취와 가증함을 뿜어냅니다. 오,

죄가 무슨 짓을 한 것입니까? 저는 '버림받은 자'라고 불리고, 저의 기능들이 거하던 모든 방은 '황폐한 곳'이라고 불리고, '이가봇'(삼상 4:21, '영광이 떠났다')이라고도 불릴 것입니다. 제가 얼마나 크게 몰락했습니까! 저의 아름다움은 추한 몰골로, 저의 영광은 부끄러움으로 변질되었습니다. 주님, 저는 정말 혐오스러운 문둥병자입니다. 욥과 나사로의 곪아터진 몸이 사람들의 눈과 코에 불쾌감을 주었지만, 저는 악을 보지 못하시는 지극히 거룩하신 하나님께 더욱 불쾌한 존재입니다.

저의 무수한 죄가 얼마나 저를 비참하게 만들었습니까! 주님, 제가 지금 어떤 상태에 있습니까? 저는 죄 아래 팔렸고, 하나님의 은총에서 멀어졌고, 주님으로부터 저주받았고, 몸과 영혼과 이름과 재산과 인간관계에서 파멸되었습니다. 저의 죄는 용서받지 못했고, 저의 영혼은 한 발짝만 더 내디디면 사망으로 떨어질 것입니다.

오호라, 저는 어찌해야 합니까? 어디로 가야 합니까? 어느 길로 가야 합니까? 하나님께서는 위에서 저를 향해 진노하시고, 지옥은 아래에서 저를 삼키려고 입 벌리고 있고, 양심은 안에서 저를 때리고, 유혹과 위험은 밖에서 저를 둘러싸고 있습니다. 오, 제가 어디로 날아가야 합니까? 어디로 가야 제가 모든 것을 아시는 분의 눈을 피해 숨을 수 있습니까? 어떤 능력이 저를 전능하신 분으로부터 지켜줄 수 있습니까?

오, 내 영혼아! 너는 어찌하려느냐? 지옥과 동맹을 맺었느냐? 죽음과 언약을 맺었느냐? 너의 비참함과 사랑에 빠졌느냐? 지금처럼 여기에 있는 것이 좋으냐? 오, 주님! 제가 어찌해야 합니까? 지금처럼 계속 죄의 길을 가야 합니까? 그러면 저의 끝은 멸망일 것입니다. 잠깐의 육체적 안락, 쾌락, 물질적 소득, 술 취함을 위해 제 영혼을 지옥 불에 던져야 합니까? 그것은 미친 짓입니다.

이 저주스러운 상태에 조금이라도 더 머물러야 합니까? 그럴 수 없습니다. 더 머물면 저는 죽을 것입니다. 그렇다면 희망이 없습니까? 정말 없습니까? 제가 돌이키지 않는 한, 희망은 없습니다! 이렇게 저주스러운 비참한 상태를 끝낼 수 있는 방법이 있습니까? 그토록 가증스러운 악을 이길 긍휼이 있습니까? 있습니다! 하나님의 맹세만큼 참된 긍휼이 있습니다! 제가 주저함 없이, 거짓 없이, 즉시 그리스도를 통해 그분께 돌이키면 용서와 긍휼을 얻을 것입니다.

오, 지극히 자비로우신 여호와 하나님! 오래 참으심으로 저를 이제까지 기다려주신 것에 대해 무릎 꿇고 감사드립니다. 만일 저를 이 상태로 데려가셨다면 저는 영원히 멸망했을 것입니다. 이제 저는 당신의 은혜를 찬양하고, 자비로운 제안을 받아들이고, 저의 모든 죄를 버리고, 그것들을 대적하면서 남은 생애 동안 거룩함과 의義 가운데 주님을 따르고 주님의 은혜에 의지하기로 결심합니다.

주님, 제가 누구기에 주님을 저의 주님이라고 주장할 수 있으며 주님의 기업基業을 제 것이라고 말할 수 있겠습니까? 저는 주님의 발에 쌓인 먼지를 핥을 자격도 없는 사람입니다. 하지만 주께서 금홀(金笏, 에 5:2)을 쥐고 계시기 때문에 저는 담대히 주께 나아가 금홀을 만집니다. 제가 절망한다면 그것은 주님의 자비를 경멸하는 것입니다. 주께서 오라고 말씀하셨는데 제가 주님을 멀리한다면 그것은 겸손의 탈을 쓰고 주께 반역하여 멸망하는 것입니다.

그러므로 이제 주님 앞에 제 영혼을 굽혀 지극히 감사하는 마음으로 주님을 나의 주님으로 영접하고, 저를 주님의 것으로 바칩니다. 나의 왕 나의 하나님이시여, 나의 주권자가 되어주소서. 보좌에 앉으소서. 나의 모든 능력이 당신께 머리 숙이게 하시고, 당신의 발 앞에 엎드려 경배하게 하소서. 주님, 저의 기업이 되어주소서. 그리하면 제가 주님 안에서 안식할 것입니다.

주님은 저의 마음을 원하십니다. 제 마음이 모든 면에서 주님이 받으시기에 합당하기를 바랍니다. 오, 주님! 저는 주님의 것이 되기에는 자격이 없는 사람입니다. 하지만 주께서 저를 주님의 것으로 삼기 원하셨으니 저는 기꺼이 제 마음을 당신께 바칩니다.

받으소서. 주님의 것입니다! 제 마음이 더 선하다면 좋겠습니다. 그러나 주님, 이 마음 그대로 주님의 손에 얹사오니 주께서 고치소서. 저의 마음이 주님의 마음을 본받게 하소서. 제 마음을 주님의 뜻대로 거룩하고 겸손하고 신령하고 온유하고 부드럽고 유연하게 하소서. 그리고 저의 마음에 주님의 법을 새겨주소서.

주 예수님, 오소서! 속히 오소서! 승리자로 들어오소서. 저를 영원히 주님의 소유로 삼으소서. 나를 주께 드리고 주께 나아갑니다. 주님은 아버지께 이르는 유일한 길이요 유일한 중보자이십니다. 하나님께로 갈 수 있는 유일한 문(門)으로 세워진 분은 바로 주님이십니다. 저는 제 자신을 파멸시켰지만, 주님 안에 도움이 있습니다. 주님, 저를 구하소서. 그리하지 않으시면 저는 멸망할 것입니다.

저는 목에 밧줄을 두르고 주님 앞에 나아옵니다. 저는 죽어서 멸망해야 마땅한 사람입니다. 종이 삯을 받고 일꾼이 임금을 받는 것이 당연한 것처럼 제가 죽음과 지옥을 죄값으로 받는 것은 무엇보다 당연한 일입니다. 그러나 저는 주님의 공로로 도피하고, 주님의 희생과 능력만을 의지하고, 주님의 중보기도 효과만을 믿습니다. 저는 주님의 교훈에 복종하고, 주께 다스림 받기를 원합니다. 너희 영원한 문들아, 영광의 왕이 들어가시도록 문을 활짝 열어라.

오, 지극히 높으신 분의 영이시여! 택한 자들을 위로하고 거룩하게 하시는 분이시여! 주님의 영광스러운 수행원들과 주님의 궁전 보좌관들과 주님의 열매들과 능력들과 더불어 들어오소서. 저를 주님의 거처로 삼으소서. 저는 오직 주님이 제게 주신 것을 당신께 드릴 수 있을 뿐입니다. 자기 소유의 전부였던 두 렙돈을 드린 과부처럼(막 12:42) 저의 몸과 마음을 주님의 금고에 넣사오니 받으시고 거룩하게 하시고 주님의 종으로 사용하소서. 제 몸과 마음이 주님의 환자이오니 그 병을 고쳐주소서. 그것은 주님의 일꾼이오니 그들의 행동을 다스리소서. 저는 너무나 오랫동안 세상을 섬기고 사탄의 말을 들었지만, 이제는 오직 주님의 명령과 지시를 따르고 주님의 충고를 따를 것입니다.

오, 거룩하신 삼위일체三位一體 하나님! 오, 영광스러운 하나님이시여! 저를 온전히 하나님께 바칩니다. 저를 받으시고, 하나님의 이름을 제 위에 쓰시고 제 모든 소유물에 주님의 것이라고 표시하소서. 제 몸과 제 영혼의 모든 기능에 주님의 표지標識를 붙이소서. 저는 주님의 가르침을 택했습니다. 하나님의 법을 제 앞에 둘 것입니다. 그 법을 눈여겨보고 계속 필사할 것입니다. 저는 하나님의 은혜에 힘입어 하나님의 법에 따라 행하기로 결심합니다. 제 모든 것이 이 법의 지배를 받을 것입니다.

비록 그 계명 중 하나라도 완전히 지킬 수는 없지만 어느 하나라도 위반하지는 않겠습니다. 제 육신은 머뭇거리겠지만, 주님의 은혜의 능력에 힘입어 제가 어떤 희생을 치르더라도 주님의 거룩한 길에서 떠나지 않겠다고 결심합니다. 저는 주님의 도움으로 결코 패자敗者가 되지 않는다는 것을 확신합니다. 그러므로 이 땅에서 저는 책망과 고난과 역경을 달게 견디고, 저를 부인하고, 주님의 십자가를 지고, 주님을 따를 것입니다. 예수님, 주님의 멍에는 쉽습니다. 주님의 십자가는 주께 이르는 길이므로 가볍습니다. 저는 세상에서 행복을 누릴 수 있는 가능성을 모두 내던져버립니다.

주께 이를 때까지 이 땅에서는 기꺼이 나그네로 살겠습니다. 제가 저 세상으로 들어가 주님과 함께 다스릴 수 있도록, 이 땅에서는 가난하고 작아지고 낮아지고 멸시받게 하소서. 주님, 이 언약에 제 손을 얹고 마음으로 동의합니다. 이 언약이 메대와 바사의 법처럼 철회할 수 없는 것이 되게 하소서.

이 언약을 지키겠습니다. 당신의 은혜에 힘입어 이 결심 속에서 살다가 죽을 것입니다. 저는 주님의 의로운 판단을 따르겠다는 저의 서약에 따라 살겠습니다. 저는 기꺼이 동의했고 영원히 선택했습니다. 주 예수님, 제 언약을 확증해주소서. 예수님의 이름으로 기도드립니다. 아멘!

CHAPTER 07

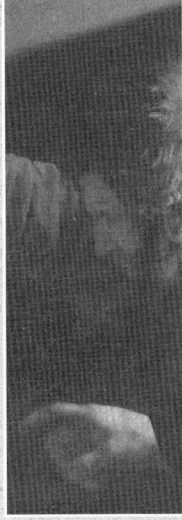

바로 지금
돌이켜 회개하라

당신이 멸망의 구덩이로 달려가기를 원치 않는다면,
지금부터 하는 말에 특별히 더 귀를 기울여라.
당신이 회개하고 돌이키는 것이 지극히 합리적인 선택이라는 양심의 소리가 들리지 않는가?

회개가 필요한 이유와 회개하지 않은 자들의 비참함에 대해 언급한 내용만으로도 당신을 하나님께 당장 돌이키게 하는 데 부족함이 없을 것이다. 하지만 인간의 마음이 본래 절망적일 정도로 완고하고 강퍅하기 때문에, 당신과 하나님이 화목하게 하기 위해 회개를 위한 몇 가지 동기부여를 하겠다.

마지막 그물을 던지며…

"오, 주님! 제 마지막 노력이 물거품이 되지 않도록 도우소서. 이 책을 여기까지 읽고도 마음에 감동을 느끼지 못하는 사람이 있다면, 그 사람에게 특별히 관심을 쏟고 그에게서 주님의 일을 이루소서. 그의 마음을 붙들고 그를 굴복시키고 설득해서서 그가 결국 '주님이 이기셨습니다. 주님이 저보다 강하십니다'라고 고백하게 하소서.

주께서 저를 사람을 낚는 어부로 만들어주셨는데 제가 이제까지 헛수고를 한 것입니까? 그렇다면 저는 제 힘을 낭비한 것입니까? 주님, 이제 마지막으로 그물을 던지려고 합니다. 해변에 서서 어디로, 어떻게 그물을 던져야 할지 가르쳐주소서. 영혼들이 빠져나가지 못하도록, 저의 논리의 그물이 그들을 완벽히 포위하게 도우소서.

주님, 낚아야 할 영혼들이 너무나 많사오니 그물을 던질 때마다 그물에 가득 걸리게 하소서. 주여, 제가 기도하오니 저를 기억하소서. 이번에도 저를 도우소서!"

사람과 형제들이, 하늘과 땅이 당신을 부르고 있다. 지옥마저 회개하라고 당신에게 외친다. 교회의 일꾼들이 당신을 위해 수고한다. 하늘의 천사들이 당신을, 당신의 회개를, 당신이 돌이키기를 기다린다. 악한 영들이 당신의 멸망을 비웃고 당신의 비참함을 조롱하고 당신의 어리석음을 즐거워하도록 만들겠는가? 당신이 돌이키지 않으면 그렇게 될 수밖에 없다.

악한 영들에게 웃음거리와 놀림감이 되는 것보다는 천사들에게 기쁨이 되는 것이 훨씬 더 좋지 않은가? 당신이 돌이키기만 하면 천사들이 "지극히 높으신 하나님께 영광일세!"라고 찬양하고, 아침 별들이 함께 노래하고, 하나님의 아들들이 처음처럼 모두 기뻐 소리치며 새 피조물의 탄생을 축하할 것이다.

당신이 회개한다면 천국에서는 그날이 국경일로 선포되고 영광스러운 영들이 기뻐할 것이다. 그들에게 새 형제가 생기고, 함께 기업을 얻을 자를 주께서 얻고, 잃어버렸던 아들이 무사히 돌아오기 때문이다. 진실로 회개하는 자의 눈물은 하나님과 사람을 기쁘게 하는 포도주이다.

당신은 사람들과 천사들이 당신의 회개를 기뻐하는 것이 대수롭지 않은 일이라고 생각하는가? 그렇게 생각한다면, 하나님께서 당신의 회개를 기뻐하고 노래를 부르신다는 사실을 기억하라(눅 15:9 ; 사 62:5). 야곱이 그의 아들 요셉의 목을 끌어안고 눈물을 흘리며 기뻐한 것처럼 하나님께서도 돌아온 당신을 보고 기뻐하실 것이다.

탕자처럼 돌아오라

탕자의 이야기를 깊이 음미해보라. 아들이 돌아온 것을 본 아버지가 자신의 신분과 나이를 잊은 채 달려가는 모습이 눈에 선하지 않은가? 자비의 발걸음은 너무나 빠르다. 죄인의 발걸음보다 2배 이상 빠르다. 긍휼로 불타는 아버지의 가슴이 뛰는 소리가 내 귓가에 울리는 것 같다!

아들을 향한 사랑으로 가득한 아버지의 눈은 아들을 금방 알아본다. 아들을 향한 자비로 충만해서 멀리서도 한눈에 알아본다. 긍휼이 풍성한 아버지는 아들의 방탕한 삶, 역겨운 반항, 감사할 줄 모르는 뻔뻔함을 다 잊고 그에 대해서는 한마디도 언급하지 않았다. 대신 두 팔 벌려 맞이하고 목을 안고 입을 맞췄다. 종들에게는 "제일 좋은 옷을 내어다가 입히고 손에 가락지를 끼우고 발에 신을 신기라 그리고 살진 송아지를 끌어다가 잡으라"(눅 15:22,23)라고 명하였다.

그렇다! 그 아버지는 넘치는 기쁨을 자신의 마음속에만 묻어둘 수 없었다. 그래서 다른 사람들을 불러 함께 기뻐하자고 했다. 친구들이 그와 함께 기뻐했지만, 그들은 죽었다가 다시 살아난 아들을 얻은 그의 기쁨을 다 헤아릴 수는 없었을 것이다. 죄인 하나가 회개하면 하늘에서도 이렇게 큰 기쁨이 있다! 하늘에서 울려 퍼지는 기쁨의 노래가 내 귓가에 들리는 것 같다.

아, 하늘 찬양대의 아름다운 선율이여! 나는 이 노래를 배울 수 없지만(계 14:3), 찬양대가 하나같이 목청을 높여 아름답게 부르는 부분을 들을 수는 있다.

> 내 아들은 죽었다가 다시 살아났으며 내가 잃었다가 다시 얻었노라 눅 15:24

'돌아온 탕자' 비유의 의미는 긴 설명이 필요 없을 정도로 분명하다. 여기에서 아버지는 하나님이시고, 아버지가 준비한 것은 그리스도이고, 탕자가 입을 옷은 그리스도의 의義, 장신구는 그리스도의 은혜이다. 친구들과 종들은 그리스도의 일꾼들과 성도들과 천사들이다.

이 비유를 당신에게 적용해보자. 당신이 진정으로 회개하여 돌이키기만 한다면, 이 비유의 '탕자'는 곧 '당신'이다. 다시 말해서, 당신은 아버지의 은혜를 넘치도록 받는 복된 탕자요 이토록 큰 기쁨과 즐거움의 주인공이 되는 것이다!

아직도 당신의 마음이 움직이지 않는가? 당장 돌이켜 긍휼의 보좌로 나아가겠다는 결심이 서지 않는가? 다시 말하겠다. 만일 죽은 자 중에서 한 사람을 당신에게 보낸다면 그때는 마음이 움직이겠는가? 그렇다면 죽은 자들 중 한 사람, 멸망당한 사람들 중 한 사람이 당신에게 회개하라고 부르짖는 소리를 들어보라.

구하노니 아버지여 나사로를 내 아버지의 집에 보내소서 내 형
제 다섯이 있으니 저희에게 증거하게 하여 저희로 이 고통 받는
곳에 오지 않게 하소서 눅 16:27,28

당신은 귀를 기울여 들어라! 회개하지 않고 지옥 불에 떨어진 사람들이 당신에게 회개하라고 소리친다. 무저갱(계 9:1)을 내려다보라. 그들의 고통의 연기가 영원히 피어오르는 것이 보이지 않는가? 당신은 어둠의 사슬에 대해 어떻게 생각하는가? 지옥 불에 타는 것이 좋은가? 벌레들이 물어뜯는 것이 보이는가? 맹렬한 불길이 보이는가? 지옥의 심연深淵에 대해 무엇이라고 말하겠는가? 그곳에 자리를 잡고 살 수 있겠는가?

지옥문에 귀를 대고 들어보라. 저주와 신성모독과 슬피 우는 소리가 들리는가? 자신들의 어리석음을 한탄하고 이 땅에서 보낸 시간을 저주하는 소리가 들리는가? 소리 지르고 이를 갈고 탄식하는 모습이 보이는가? 상상을 초월할 정도로 비참한 모습이 아닌가?

땅이 그 입을 벌려 고라, 다단, 아비람 그리고 그들에게 속한 모든 자들을 삼켰을 때 그들의 비명소리가 너무 끔찍하여 온 이스라엘이 도망하였다(민 16:33,34). 그렇다면 하나님께서 지옥의 입에서 그 덮개를 열어 그 속에 있는 자들의 비명소리를 당신에게 들려주신다면 얼마나 무섭겠는가! 그들의 비참함과 탄식 중에서도 가장 무섭고 끔찍한 것은 "영원히! 영원히!"라는 말일 것이다.

당신의 영혼을 만드신 여호와의 살아 계심으로 맹세하노니, 만일

당신이 회개하지 않으면 이런 모든 무서운 일이 곧 당신의 현실이 될 것이다.

아! 당신에게 해줄 말이 너무 많아서 무슨 말부터 해야 할지 모르겠다. 세상에서 진정 지혜로운 것이 있다면 그것은 회개하고 하나님 품으로 돌아오는 것이다. 이것이야말로 의롭고 합리적인 것이다. 반면 이 세상에서 어리석은 것은 회개하지 않고 살아가는 것이다. 이는 멍청하고 불합리하고 야만적이고 바보 같고 미친 짓이다.

당신이 멸망의 구덩이로 달려가기를 원치 않는다면, 지금부터 하는 말에 특별히 더 귀를 기울여라. 당신이 회개하고 돌이키는 것이 지극히 합리적인 선택이라는 양심의 소리가 들리지 않는가?

당신을 지으신 하나님께서 당신을 친절하게 초대하신다

지극히 온유하고 자비로우신 하나님께서 당신을 초대하신다. 그분의 친절은 놀랍고, 자비는 끝이 없고, 긍휼은 무한하다! 하늘이 땅보다 높은 것처럼 하나님의 길은 우리의 길보다 높고 하나님의 생각은 우리의 생각보다 크다.

> 주는 긍휼히 여기시며 은혜를 베푸시며 노하기를 더디 하시며
> 인자와 진실이 풍성하신 하나님이시오니 시 86:15

죄인이 돌아오게 설득하는 데 아주 좋은 말씀이 있다.

> 그는 은혜로우시며 자비로우시며 노하기를 더디하시며 인애仁
> 愛가 크시사 뜻을 돌이켜 재앙을 내리지 아니하시나니 욜 2:13

하나님께서 뜻을 돌이키지 않고 재앙을 내리신다면 회개하려는 사람들도 낙심하게 될 것이다. 만약에 자비를 얻을 가능성이 없다면 반역자들이 돌이키지 않고 계속 반역하는 것이 당연하다. 그러나 우리가 모시는 하나님처럼 자비와 오래 참음과 긍휼과 인자가 넘치는 왕을 섬긴 백성이 역사상 있었는가?

> 주와 같은 신神이 어디 있으리이까 주께서는 죄악을 사유하시며
> 미 7:18

오, 죄인아! 당신이 관계를 맺어야 하는 하나님이 어떤 분이신지를 알라. 그분은 당신이 돌이키기만 하면 다시 긍휼히 여기실 것이다. 우리의 죄악을 발로 밟으시고 우리의 모든 죄를 깊은 바다에 던지는 분이시다(미 7:19).

> 내게로 돌아오라 그리하면 나도 너희에게로 돌아가리라 말 3:7

죄인들이 낭패를 당하는 것은 하나님의 긍휼을 너무 크게 생각하기 때문이 아니다. 그들은 하나님의 공의를 알지 못하거나 그분의 방법이 아닌 다른 방법으로 긍휼을 얻으려고 한다. 하나님의 긍휼은 상상

을 초월한다. 그것은 큰 긍휼이며 여러 가지 모양으로 나타난다(느 9:19). 즉, 친절하고 확실하며 영원한 긍휼이다.

당신이 돌이키기만 하면 이 모든 것이 당신 것이 된다. 돌이키기를 원하는가? 주님은 무서운 심판을 잠시 옆으로 제쳐놓고 일단 은혜의 보좌를 세우셨다. 주님이 금홀金笏을 내밀고 계신다. 그 금홀을 만져서 생명을 얻으라.

원수가 찾아와 발 앞에 엎드려 자기의 잘못을 인정하고 용서를 구하며 화해의 언약을 맺자고 애원한다면, 자비로운 사람이 그를 죽이겠는가? 하물며 하나님께서 그렇게 하시겠는가? 하나님의 이름을 깊이 묵상해보라.

> 여호와께서 그의 앞으로 지나시며 반포하시되 여호와로라 여호와로라 자비롭고 은혜롭고 노하기를 더디하고 인자와 진실이 많은 하나님이로라 인자를 천 대까지 베풀며 악과 과실과 죄를 용서하나 출 34:6,7

느헤미야서 9장 17절의 고백도 깊이 묵상해보라.

> 거역하며 주께서 저희 가운데 행하신 기사奇事를 생각지 아니하고 목을 굳게하며 패역하여 스스로 한 두목을 세우고 종 되었던 땅으로 돌아가고자 하였사오나 오직 주는 사유하시는 하나님이시라 은혜로우시며 긍휼히 여기시며 더디 노하시며 인자가 풍

> 부하시므로 저희를 버리지 아니하셨나이다 느 9:17

영혼에게 희망을 주는 하나님의 부르심과 약속이 당신을 초대한다. 그분의 긍휼이 당신을 간절히 찾고 있다. 얼마나 간절히, 얼마나 절박하게 당신을 따라다니며 소리치는가! 당신에게 얼마나 진지하게 간청하는가!

> 여호와께서 가라사대 배역한 이스라엘아 돌아오라 나의 노한 얼굴을 너희에게로 향하지 아니하리라 나는 긍휼이 있는 자라 노를 한없이 품지 아니하느니라 여호와의 말이니라 너는 오직 네 죄를 자복하라 … 배역한 자식들아 돌아오라 내가 너희의 배역함을 고치리라 렘 3:12,13,22

> 주 여호와의 말씀에 나의 삶을 두고 맹세하노니 나는 악인의 죽는 것을 기뻐하지 아니하고 악인이 그 길에서 돌이켜 떠나서 사는 것을 기뻐하노라 이스라엘 족속아 돌이키고 돌이키라 너희 악한 길에서 떠나라 어찌 죽고자 하느냐 겔 33:11

> 그러나 악인이 만일 그 행한 모든 죄에서 돌이켜 떠나 내 모든 율례를 지키고 법과 의를 행하면 정녕 살고 죽지 아니할 것이라 그 범죄한 것이 하나도 기억함이 되지 아니하리니 그 행한 의로 인하여 살리라 … 너희는 돌이켜 회개하고 모든 죄에서 떠날지

> 어다 그리한즉 죄악이 너희를 패망케 아니하리라 너희는 범한 모든 죄악을 버리고 마음과 영을 새롭게 할지어다 이스라엘 족속아 너희가 어찌하여 죽고자 하느냐 … 나 주 여호와가 말하노라 죽는 자의 죽는 것은 내가 기뻐하지 아니하노니 너희는 스스로 돌이키고 살지니라 겔 18:21,22,30,32

이것은 우리의 마음을 녹이는 은혜로운 말씀이다. 사람의 말이 아니라 하나님의 말씀이다! 이것은 인간이 취할 수 있는 태도가 아니다. 왕王을 진노케 한 반역자에게 간청하는 왕을 보았는가? 긍휼이 당신의 뒤를 따라다니며 당신에게 간청한다. 아직도 마음이 깨지지 않았는가? 당신이 오늘 하나님의 음성을 듣는다면 정말 좋겠다!

천국문이 당신을 향해 열려 있다

영원한 문이 당신을 위해 활짝 열려 있다. 하늘나라에 들어갈 수 있는 길이 당신에게 얼마든지 열려 있는 것이다. 이제 그리스도께서 당신에게 말씀하신다. 일어나 이 나라를 차지하라고 부탁하신다.

복음의 지도地圖가 안내하는 저 세상의 영광을 보라. 언약의 비스가 산으로 올라가서 눈을 들어 동서남북을 보고 요단 건너편의 아름다운 땅과 산을 보라. 영광의 시냇물이 흐르는 하나님의 낙원을 보라. 일어나 그 땅을 사방으로 걸어보라. 당신의 눈에 보이는 그 땅을 하나님께서 당신에게 주실 것이다. 당신이 돌이키기만 한다면 말이다.

바울이 아그립바 왕에게 질문한 것처럼 나도 당신에게 묻겠다. "선지자들을 믿는가?" 믿는다면, 그들이 하나님의 도성都城에 대해 얼마나 놀라운 것들을 예언했는지 생각해보라. 그리고 이 모든 것을 얻을 수 있는 기회가 지금 하나님의 이름으로, 당신에게 제공된다는 것을 알라. 참되신 하나님의 이름으로 단언하건대, 당신이 철저히 돌이키기만 하면 이 모든 것이 영원히 당신의 것이 될 것이다.

정금正金 같은 하나님의 도성을 보라. 그 성의 기초는 온갖 보석으로 장식되어 있다. 그 성문은 진주, 그 빛은 영광인 하나님의 성전이다. 당신은 이것을 믿는가? 믿으면서도 그 성 안으로 들어가지 않으려 하는가? 성문이 활짝 열려 있고 그 성으로 들어가라는 명령이 떨어졌는데도 들어가지 않는다면 당신은 정말 제정신이 아닌 것이 틀림없다. 이토록 영광스러운 하나님의 나라를 거부하고 돼지우리에 처박혀 있으려 하는 것이 사실인가?

보라! 주님은 당신을 산 위로 데려가 하늘나라와 그곳의 모든 영광을 보여주시며 "네가 내 앞에 엎드려 나를 경배한다면, 나의 긍휼을 받아들인다면, 나의 아들을 영접한다면, 의와 거룩함 가운데 나를 섬긴다면, 이 모든 것을 너에게 주겠다"라고 말씀하신다.

미련하고 모든 것을 마음에 더디 믿는 자들이여!(눅 24:25) 세상을 추구하고 섬기느라 영원한 영광을 포기하겠는가? 전에는 당신이 낙원으로 들어가지 못하게 막았던 화염검火焰劍이 이제는 당신을 그 안으로 몰아가는데도 들어가지 않겠다고 말하려는가?

내가 당신을 '믿음이 없는 사람'으로 본다고 해서 나를 매정한 사람으로 몰아붙이려는가? 그렇다면 내가 당신을 어떤 사람으로 평가해야 만족하겠는가? 노골적으로 말하겠다. 당신은 내 말을 실제로 믿지 않는 절망적인 불신자이거나 천국의 영원한 영광을 알고 믿으면서도 그것을 얻기 위해서는 손가락 하나 까딱하지 않는 어리석은 사람이다.

당신 앞에 제시된 것이 무엇인지 다시 한 번 더 깊이 생각해보라. 그것은 복된 나라, 영광의 나라, 의義의 나라, 평화의 나라, 영원한 나라이다. 당신이 돌이키기만 하면 바로 이런 나라에 거하며 영원히 다스릴 수 있다. 그곳에서 주님은 당신을 영광의 보좌에 앉히시고, 손수 당신의 머리에 귀한 면류관을 씌워주실 것이다.

그곳에서는 죄짓는 일이나 고통이 없으므로 이 면류관은 가시 면류관이 아니며, 금金이 흙처럼 흔한 곳이라 금 면류관도 아닐 것이다. 이 면류관은 생명의 면류관이요 의의 면류관이요 영광의 면류관이다. 그곳에서 당신은 영광을 옷처럼 입을 것이며, 당신 아버지의 나라에서 해처럼 빛날 것이다.

지금 당신의 보잘것없는 육체를 보라. 먼지와 재 같은 이 육체가 그곳에서는 별보다 더 빛날 것이다. 당신은 하나님의 천사들처럼 의義 가운데 그분의 얼굴을 볼 것이다. 이제 내게 대답하라. 아직도 믿지 않는가? 믿지 않는다면, 당신이 '믿음 없는 사람'이라는 것을 스스로 인정하라. 내가 말하는 것은 내 말이 아니라 하나님의 말씀이다.

만일 당신이 믿는다면, 내게 당신의 결심을 보여달라. 당신의 행복을 위해 내 말에 따르겠는가? 당신의 죄악 된 소득과 금지된 쾌락을 포기하겠는가? 세상의 명예를 헌신짝 버리듯 버리고, 세상의 아첨에 귀를 막고, 세상의 마수魔手에서 필사적으로 탈출하겠는가? 천국에 이르기 위해 가난과 불명예를 감수해야 한다면 그것들을 받아들이겠는가? 겸손히 자기를 부인하고 육신을 따라 살지 않으면서 주님을 따르겠는가? 이렇게 한다면 모든 것은 영원히 당신의 것이 된다.

우리 앞에 제시된 것은 공정한 것이다. 손을 뻗어 잡기만 하면 영원한 행복을 얻을 수 있는데도 그것을 거부하여 멸망한다면 그 보응은 아주 공정한 것이다. 당신은 하나님의 말씀을 그대로 받아들이지 않겠는가? 세상을 포기하고 영생을 취하지 않겠는가? 그렇게 하지 않겠다면, 양심에 손을 얹고 당신이 지금 제정신인지 아닌지 판단하라. 영원한 행복으로 이끄는 선택을 거부하는 것이 미친 짓이 아니고 무엇인가?

하나님께서는 이 세상에서도 당신에게 놀라운 특권을 주신다

당신이 복을 충만히 누리려면 내세까지 기다려야 하지만, 하나님께서는 이 세상에서도 적지 않은 복을 당신에게 주실 것이다. 하나님께서는 당신을 속박하고 있는 것들에서 당신을 건지실 것이다. 당신을 사자獅子의 발톱에서 건져내실 것이다. 당신의 발꿈치를 상하게 한 뱀의 머리를 당신이 상하게 할 것이다. 하나님께서는 당신을 이 악한 세상에서 건지실 것이다.

번영이 당신을 멸하지 못할 것이며, 역경이 당신을 그분에게서 떼어놓지 못할 것이다. 하나님께서는 당신을 죽음의 세력에서 건지실 것이고, 공포의 왕도 당신에게는 평화의 사자使者가 되게 하실 것이다. 하나님께서는 당신의 고난에서 저주스러운 것들을 제거하실 것이다. 시련이 당신을 깨끗하게 하는 연단의 용광로로, 겨를 날려버리는 선풍기로, 마음을 고치는 명약名藥으로 변하게 하실 것이다. 율법의 속박에서 당신을 구하고, 저주를 복으로 바꾸어주실 것이다. 지옥과 사망의 열쇠를 가지신 하나님께서 그 문을 닫으시면 아무도 열 수 없다. 사자들의 입을 막으신 것처럼 지옥과 사망의 입을 막으실 것이고, 당신은 결코 둘째 사망을 당하지 않을 것이다.

주께서는 당신을 비참함에서 구하실 뿐만 아니라 당신에게 말로 다 할 수 없는 특권을 주실 것이다. 주님 자신을 당신에게 주시고, 당신에게 친구이자 아버지가 되어주실 것이다. 당신에게 해와 방패가 되시며, 당신의 하나님이 되실 것이다. 당신이 그분에게 원하는 것이 또 있는가? 당신은 하나님께서 당신에게 무엇을 해주시고 어떤 존재가 되어주시기를 원하는가? 당신이 원하는 대로 해주시고, 당신이 원하는 그런 존재가 되어주실 것이다.

왕자와 결혼하는 여자라면, 왕자가 그 신분에 어울리는 태도로 자신을 대하고 호화로운 집에서 살게 하고 많은 결혼선물을 줄 거라고 기대할 것이다. 왕의 아들이나 왕의 친구 역시 자기들이 왕에게서 합당한 대우를 받을 거라고 기대할 것이다.

그러나 이 세상에서 높아 보이는 왕이나 왕자도 하나님과 비교하면 나비나 애벌레에 불과하다. 보통 나비와 색깔이 다른 화려한 나비나 애벌레일 뿐이다. 하나님의 영광과 능력이 햇빛에 반짝이는 먼지에 비해 무한히 더 크듯이, 하나님께서 자신에게 은혜를 입은 사람들에게 베푸시는 것들도 이 세상의 왕이나 왕자가 그들에게 속한 사람들에게 베푸는 것보다 무한히 더 크다.

하나님께서는 당신에게 은혜와 영광을 허락하시고, 좋은 것들을 금하지 않으실 것이다. 당신을 자녀로 삼으시고, 기업을 얻을 자로 만드시고, 당신과 영원한 언약을 맺으실 것이다. 주께서는 율법과 양심과 사탄이 당신에게 제기하는 모든 고발과 비난에 대해 당신을 의롭다 하실 것이다. 당신이 주님의 존전에 자유롭게 접근하도록 허락하고 당신을 받아들이고 당신의 기도를 들으실 것이다.

주님은 당신 안에 늘 거하시며 당신과 친밀한 교제를 나누실 것이다. 주님의 귀, 주님의 문 그리고 주님의 창고가 당신에게 활짝 열려 있을 것이다. 하나님의 복이 당신 위에 머무르게 하시고, 당신의 원수들이 당신을 섬기도록 하실 것이다. 그리고 모든 것이 합력하여 당신에게 선善을 이루게 하실 것이다.

하나님께서는 자비의 조건들을 최대한 낮추어 당신에게 제시하신다

하나님께서는 자신의 영광을 훼손하지 않는 범위 내에서 자신을 죄인들에게 최대한 낮추셨다. 죄를 조장하시거나 자신의 거룩함의 영광을 더럽히지 않으신다. 만일 하나님께서 이제까지 자신을 낮추신 것보다 더 낮추셨다면 그분의 거룩함의 영광을 더럽히셨을 것이다.

하나님께서는 불합리하거나 불가능한 것을 생명의 조건으로 당신에게 요구하지 않으신다. 첫 번째 언약에 따르면, 두 가지가 요구된다. 첫째는 과거의 죄에 대해 공의가 요구하는 것을 완전히 만족시켜야 하는 것이고, 둘째는 남은 생애 동안 율법 전체를 개인적으로, 완전히,

끊임없이 지켜야 한다는 것이다. 하지만 이 두 가지 중 어떤 것을 통해서라도 구원을 얻는 것이 우리의 죄 때문에 불가능해졌다.

그러나 이 두 가지를 모두 해결할 수 있는 방법을 제공하신 하나님의 은혜를 보라! 하나님께서는 우리에게 이 두 가지를 충족시키라고 요구하지 않으신다. 충분히 요구할 수 있으셨으나 자신이 세운 보증인(그리스도)에게서 받는 것으로 만족하셨다.

> 모든 것이 하나님께로 났나니 저가 그리스도로 말미암아 우리를 자기와 화목하게 하시고 또 우리에게 화목하게 하는 직책을 주셨으니 이는 하나님께서 그리스도 안에 계시사 세상을 자기와 화목하게 하시며 저희의 죄를 저희에게 돌리지 아니하시고 화목하게 하는 말씀을 우리에게 부탁하셨느니라 고후 5:18,19

하나님께서는 "나는 속전贖錢을 받았다. 나는 너희가 내 아들을 영접하는 것 외에는 아무것도 요구하지 않는다. 내 아들이 너희에게 의義와 구속救贖이 될 것이다"라고 선언하셨다.

만일 당신이 그리스도를 영접하고 하나님을 기쁘게 해드리겠다고 결심하고 이것을 최대의 관심사로 삼는다면 하나님께서는 자비롭게 당신을 받아주실 것이다.

하나님께서 자신을 얼마나 낮추셨는지 생각해보라. 나는 당신에게 나아만의 종들이 나아만에게 한 말을 인용하여 말하고 싶다.

> 내 아버지여 선지자가 당신을 명하여 큰일을 행하라 하였더면 행치 아니하였으리이까 하물며 당신에게 이르기를 씻어 깨끗하게 하라 함이리이까 왕하 5:13

만일 하나님께서 영원한 멸망을 피하기 위해 엄격하고 혹독하고 굉장한 것을 행하라고 당신에게 요구하셨다면 당신은 그것을 행하지 않았겠는가? 예를 들어 하나님께서 당신에게 바람이 몰아치는 광야에서 평생 슬퍼하며 지내거나 굶주려 수척해지는 것을 요구하셨다 할지라도 당신이 영원한 구원을 얻기 위해서라면 그렇게 하지 않았겠는가?

한 걸음 더 나아가, 하나님께서 수백만 년 동안 불속에서 타거나 그 정도로 오랫동안 지옥에서 고통 받는 것을 구원의 조건으로 내세우셨다 할지라도 당신이 받아들이지 않았겠는가? 수백만 년도 영원에 비하면 찰나에 지나지 않는다.

당신의 범죄 때문에 진노하신 하나님께서 팔다리를 잡아 늘리는 고문대 위에 당신을 1년 동안 두셨다가 꺼내어 당신에게 "죄를 버리고 그리스도를 영접하고 자기부정自己否定 가운데 그를 몇 년 동안 섬기겠느냐, 아니면 이 고문대에서 영원히 고통을 당하겠느냐?"라고 물으신다면 당신은 어떤 선택을 하겠는가? 하나님의 제안에 대해 시비를 따지면서 결정을 미루겠는가?

오, 죄인아! 돌이켜 살라. 긍휼이 당신에게 구원을 얻으라고 간청하고 있다. 손만 뻗으면 생명을 얻을 수 있는데 왜 죽으려고 하는가? 그분께 "주여, 저는 당신을 압니다. 당신은 엄한 사람입니다"라고 변명할 것인가? 그런 변명은 하나님 앞에서 결코 통하지 않는다. 하늘의 하나님께서 그토록 자신을 낮추어 이곳까지 내려오셨는데 당신이 그분을 피한다면 누가 당신을 위해 변호해주겠는가?

내가 이렇게 말하니까 혹시 당신이 "나는 새 언약의 장점들을 잘 알지만, 회개하고 믿을 능력이 없어서 새 언약의 조건들을 따를 수 없습니다"라고 말할는지 모르겠다. 그렇게 말한다면 나의 대답은 이것이다.

"당신에게 능력을 주시는 하나님의 은혜로 말미암아 당신은 그 조건들을 따를 수 있다."

이 문제에 대해서 좀 더 깊이 살펴보자.

하나님께서는 당신에게 필요한 모든 은혜를 제공하신다

> 내가 손을 펼지라도 돌아보는 자가 없었고 잠 1:24

당신은 결코 빠져나올 수 없는 비참한 구덩이 속에 있는 것이 아무렇지도 않은가? 그리스도께서는 당신을 그 구덩이에서 건져내겠다고 제안하신다. 당신에게 손을 내밀고 계신다.

만일 당신이 멸망한다면 그것은 당신이 주님의 도움을 거절했기 때문이다.

> 볼지어다 내가 문밖에 서서 두드리노니 누구든지 내 음성을 듣고 문을 열면 내가 그에게로 들어가 계 3:20

당신이 가난하고 불쌍하고 눈멀고 벌거벗었다 해도 괜찮은가? 그리스도께서는 가난한 당신을 부요富饒하게 하고, 벌거벗은 몸에 옷을 입혀주고, 당신의 눈을 뜨게 하겠다고 제안하신다. 주께서 당신에게 자신의 의義와 은혜를 주겠다고 제안하신다.

> 내가 너를 권하노니 내게서 불로 연단한 금金을 사서 부요하게 하고 흰 옷을 사서 입어 벌거벗은 수치를 보이지 않게 하고 안약을 사서 눈에 발라 보게 하라 계 3:18

이런 말씀을 듣고도 혹시 당신은 "나는 그렇게 할 수 없습니다. 금과 옷과 안약을 살 돈이 없기 때문입니다"라고 변명하는가? 그렇다면 당신이 "돈 없이 값없이"(사 55:1) 그것들을 살 수 있다는 것을 분명히 알라. 당신이 전심으로 구하고 찾으면 그것들을 살 수 있다.

또한 하나님께서 힘써 하나님을 알고 경외하라고 명령하신다. 혹시 당신은 "하지만 내 마음은 눈멀고 굳어져 있기 때문에 주님을 경외하지 못합니다"라고 말하는가? 그렇다면 하나님께서 당신의 마음에 빛을 비춰주시고 당신에게 하나님을 경외하는 법을 가르쳐주겠다고 제안하신다는 것을 분명히 알라.

만일 사람들이 주님을 알지 못한 채 그분에게서 떠나 있다면 그것은 그들이 깨달으려고 하지 않고 주님의 길을 알려고도 하지 않기 때문이다.

> 지식을 불러 구하며 명철을 얻으려고 소리를 높이며 은을 구하는 것같이 그것을 구하며 감추인 보배를 찾는 것같이 그것을 찾으면 여호와 경외하기를 깨달으며 하나님을 알게 되니니 잠 2:3-5

하나님의 제안이 공평하지 않은가?

> 나의 책망을 듣고 돌이키라 보라 내가 나의 신(神)을 너희에게 부어주며 잠 1:23

당신 혼자서는 아무것도 할 수 없지만 하나님께서 자신의 영을 통해 당신에게 능력을 주시면 당신은 무슨 일이든 할 수 있다. 하나님께서는 당신을 돕겠다고 제안하시며 당신에게 씻어서 깨끗하게 되라고 명령하신다.

당신은 표범이 자신의 얼룩을 씻어낼 수 없듯이 혼자서는 씻을 수 없다고 대답하는가? 맞는 말이다. 하지만 그렇기 때문에 주께서 당신을 씻어주겠다고 제안하시는 것이다. 그런데도 당신이 여전히 더러운 그대로 있다면 그것은 당신의 완고함 때문이다.

> 내가 너를 정(淨)하게 하나 네가 정하여지지 아니하니 겔 24:13

> 예루살렘이여 네가 얼마나 오랜 후에야 정결하게 되겠느뇨 렘 13:27

하나님께서는 당신에게 깨끗하게 되라고 초대하시고, 하나님께 굴복하라고 청하신다. 제발 하나님의 제안을 받아들여라. 그리고 당신 스스로 할 수 없는 것을 하나님께서 당신을 위해, 당신 안에서 행하시게 하라.

CHAPTER 08

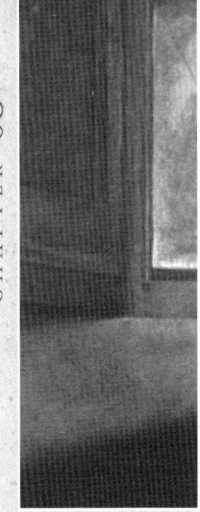

보라, 지금은
은혜 받을 만한 때다!

오늘은 당신의 날이다. 지금 당신은 영원한 운명을 결정지을 좋은 기회를 맞이했다.
지금 현명한 선택을 하지 않으면 영원히 멸망할 것이다.
지금 내리는 결정이 당신의 영원한 상태가 될 것이다.

사랑하는 자여, 지금 당신의 심정은 어떠한가? 이제 어떻게 하려는가? 이대로 고집을 부리다가 죽겠는가 아니면 돌이켜 영생을 얻겠는가? 소돔에서 얼마나 더 머무르려는가? 결단을 내리지 못하고 언제까지 머뭇거리겠는가?

그리스도와 바라바, 축복과 고통, 하나님의 낙원과 이 헛되고 비참한 세상 중에서 어떤 것이 더 좋은 선택인지 아직도 결정하지 못했는가? 다메섹강 아마나와 바르발(왕하 5:12)이 에덴의 모든 강물보다 더 좋은가? 혐오스러운 죄악의 웅덩이가 하나님과 어린양의 보좌에서 흘러나오는 수정같이 맑은 생명수보다 더 좋은가?

지금 결단하라!

사실, 이런 문제는 논의할 필요가 없을 정도로 지극히 당연한 것이다. 그리스도께서 당신을 위해 이루실 수 있는 것을 세상이 당신을 위해 정성껏 이루어주는가? 세상이 당신을 영원히 도와줄 수 있을까? 쾌락과 땅과 명예와 보물이 당신을 따라 저승길에 동행할까? 그렇지 않다면 다른 것을 찾아야 하지 않겠는가? 자꾸 머뭇거리다가 어찌하려는가?

사도 바울에게 설득당할 뻔했지만 결국 진리에 이르지 못한 아그립바 왕처럼 되려는가? 당신이 이 자리에 계속 머무르면 영원히 멸망할 수밖에 없다. 그리스도인이 될 뻔하다가 마는 것은 그리스도인이 아닌 것과 다름없다.

당신은 언제까지 근거 없는 소망과 열매 없는 결심 속에서 살 텐가? 언제 확고하고 단단한 결심에 이르려는가? 결심을 미루라는 사탄의 유혹에 언제까지 속고 말겠는가? 당신은 너무 오랫동안 사탄의 손에 이끌려 지옥을 향해 가고 있다!

우물쭈물하면서 나를 자꾸 기다리게 하지 말라. 지금 당장 대답하라. 당신의 대답을 당장 들어야겠다. 주님이 당신을 붙들고 설득하시는 지금 결단을 내리지 못한다면 나중에는 결단하기가 더 어렵다. 내 말에 대한 기억이 희미해지고, 죄의 속임수 때문에 마음이 굳어질 것이다.

오늘은 당신의 날

당신의 손을 내게 내밀겠는가? 마음 문을 활짝 열고 주 예수께 기꺼이 당신을 온전히 드리겠는가? 그분의 언약에 서명하겠는가? 어떤 결정을 내리려는가? 만일 결정을 또 미룬다면 나의 수고는 헛된 것이 되고, 모든 것은 수포로 돌아갈 것이다. 오라! 와서 모든 것을 걸고 선택하라.

보라 지금은 은혜 받을 만한 때요 보라 지금은 구원의 날이로다

고후 6:2

오늘날 너희가 그의 음성을 듣거든 노하심을 격동하여 광야에서 시험하던 때와 같이 너희 마음을 강퍅케 하지 말라 히 3:7,8

오늘을 영원한 행복의 출발점으로 만들지 못할 이유가 없다. 지금처럼 두렵고 위험한 상태를 하루 더 연장할 이유는 조금도 없다. 만일 하나님께서 오늘밤 당신의 영혼을 요구하시면 어쩔 셈인가? 지금이라도 당신이 평화에 관한 일을 안다면 얼마나 좋겠는가!(눅 19:42)

오늘은 당신의 날이다. 하지만 당신에게는 오늘밖에 없다. 다른 사람들도 그들의 날이 있었지만 돌이키지 않았기 때문에 멸망했다. 그들은 퇴장했고, 이제는 당신이 세상이라는 무대에 올랐다. 이 무대에서 당신이 어떤 연기演技를 펼치느냐에 따라 당신의 영원이 결정된다. 지금 당신은 영원한 운명을 결정지을 좋은 기회를 맞이했다. 지금 현명한 선택을 하지 않으면 영원히 멸망할 것이다. 지금 내리는 결정이 당신의 영원한 상태가 될 것이다.

정말인가? 생명과 사망이 당신의 선택에 달려 있는가? 그렇다면 무엇이 당신의 행복을 방해하는가? 당신의 고의적인 태만이나 거절이 아니라면 그 무엇도 당신의 행복을 방해할 수 없다. 에티오피아 내시는 빌립에게 "보라 물이 있으니 내가 세례를 받음에 무슨 거리낌이 있느뇨"(행 8:36)라고 말했다. 그의 말을 받아서 나는 당신에게 이렇게 말

해주고 싶다.

"보라 여기에 그리스도가 계시고 긍휼과 죄사함과 생명이 있으니 당신이 죄사함 받고 구원 얻는 데 무슨 거리낌이 있겠는가?"

어떤 그리스도인의 순교 직전에 박해자들이 그에게 조건부 사면赦免을 제안하자 그는 고민에 빠졌다. 하지만 그는 사면의 조건이 굴욕적이어서 그 제안을 거부하고 결국 순교했다. 그러나 하나님께서 제안하시는 사면의 조건은 오히려 명예롭고 쉽다.

죄인이여, 용서받을 수 있는 기회가 코앞에 있는데 멸망하겠는가? 이제부터는 당신의 죄를 버리고 자신을 부인否認하고 십자가와 멍에를 메겠다고 그리스도께 말씀드려라. 그러면 당신은 승리자가 된다. 그리스도가 당신의 구주가 되시고, 용서와 평안과 생명과 복이 모두 당신의 것이 되는 것이다. 이런 제안을 받아들이는 것은 결코 손해가 아니다. 왜 머뭇거리는가? 어찌하여 의심하며 이런저런 반론을 제기하는가?

죄보다 하나님이, 허영보다 영광이 비교할 수 없을 정도로 좋다는 것은 논쟁의 여지가 없는 사실이다. 그런데 자비를 얻을 수 있는 기회를 왜 발로 차버리려고 하는가? 왜 죄를 택하여 생명을 잃으려는가? 언제 게으름을 떨쳐버리겠는가? 도대체 언제 변명을 걷어치우겠는가? 내일 일을 자랑하지 말라. 당신은 오늘밤을 어디서 묵게 될지조차 모르지 않는가?

세미한 음성에 귀 기울여라

지금 성령님이 당신과 실랑이를 벌이시지만, 그분이 언제까지나 그렇게 하시지는 않는다. 말씀을 들을 때 마음이 뜨거워지는 것을 느끼지 못했는가? 죄를 버리고 그리스도께로 나아올 뻔한 적이 없었는가? 이대로 가면 위험할 거라는 느낌이 든 적이 없는가? 경고에 주목하지 않고 되는대로 살면 무서운 결과에 이르게 된다는 세미한 음성을 듣지 못했는가?

어쩌면 당신은 하나님의 음성을 거듭 듣고도 그것이 하나님의 음성인 줄 알지 못했던 어린 사무엘과 같을지도 모르겠다. 하지만 당신의 마음에서 일어나는 생각이나 느낌은 성령님이 주시는 감동과 부르심과 제안이다. 기회를 잡아라. 하나님께서 오늘 당신을 찾아오신다는 것을 알라.

주 예수님이 당신을 맞이하기 위해 두 팔을 활짝 벌리고 계신다. 주님은 우리를 통해 당신에게 간청하신다. 주님의 부르심은 지극히 감동적이고 애절하고 자비롭다. 교회는 그분의 음성, 즉 '내 사랑하는 분의 음성'이 들리면 말로 다 표현할 수 없는 기쁨을 느낀다. 그런데 당신은 주님의 음성에 귀를 막고 모른 체하려는가? 주님의 음성은 백향목을 쓰러뜨리고, 산山이 송아지처럼 뛰게 하고, 광야를 뒤흔들고, 불길을 가른다. 그것은 시내산의 천둥소리가 아니라 세미한 음성이다. 저주와 공포로 가득한 에발산의 음성이 아니라 복된 소식을 전하는 그리심산의 음성이다. 그것은 나팔소리도, 전쟁터의 시끄러운 소리도 아니다. 평강의 왕이 보내신 평강의 메시지이다.

죄인이여, 마르다가 동생 마리아에게 "선생님이 오셔서 너를 부르신다"(요 11:28)라고 말해주었듯이 나도 당신에게 똑같이 말해주고 싶다. 그러므로 이제 마리아처럼 일어나 그분께 가라! 주님의 초대가 얼마나 아름다운 것인가! 주님은 사람들이 많이 모인 곳에서 "누구든지 목마르거든 내게로 와서 마시라"(요 7:37)라고 외치셨다. 얼마나 자비로우신가! 주님은 누구도 배척하지 않으신다.

> 원하는 자는 값없이 생명수를 받으라 계 22:17

> 너는 와서 내 식물을 먹으며 내 혼합한 포도주를 마시고 어리석음을 버리고 생명을 얻으라 잠 9:5,6

> 내게로 오라… 나는 마음이 온유하고 겸손하니 나의 멍에를 메고 내게 배우라 그러면 너희 마음이 쉼을 얻으리니 마 11:28,29

> 내게 오는 자는 내가 결코 내어쫓지 아니하리라 요 6:37

주님은 자기를 거부하는 완고한 사람들을 지극히 불쌍히 여기신다.

> 예루살렘아 예루살렘아… 암탉이 그 새끼를 날개 아래 모음같이 내가 네 자녀를 모으려 한 일이 몇 번이냐 그러나 너희가 원치 아니하였도다 마 23:37

> 내가 여기 있노라 내가 여기 있노라… 내가 종일 손을 펴서 자기 생각을 좇아 불선한 길을 행하는 패역한 백성들을 불렀나니

사 65:1,2

나아와 자유를 얻으라

제발, 이제 고집을 꺾고 주님의 사랑의 품으로 돌아오라. 보라, 주 예수께서 감옥 문을 활짝 여셨다. 이제 주께서 자신의 일꾼들을 통해 당신에게 찾아와 감옥에서 나오라고 간청하신다. 만일 당신에게 궁전이나 낙원에서 나오라고 부르신다면 당신이 나오기 싫어하는 것이 당연하다(그러나 아담은 쉽게 속아서 낙원에서 나왔다). 그러나 예수님은 당신에게 감옥에서, 쇠사슬에서, 악의 소굴에서, 어둠에서 나오라고 부르신다. 그런데도 나오지 않겠는가?

예수님은 당신에게 현재의 자리에서 나와 자유를 얻으라고 부르시는 것이다. 그런데도 그분의 말에 귀를 기울이지 않으려는가? 주님의 멍에는 가볍고 주님의 법은 자유의 법이고 주님을 섬기는 것은 해방이다. 당신이 주님의 길에 대해 어떤 선입견을 갖고 있는지 모르겠지만, 주님을 믿기만 하면 당신은 그 길이 평강과 기쁨의 길임을 알게 될 것이다. 또한 말로 다 표현할 수 없는 즐거움과 행복을 맛보며, 그 길 안에서 영원한 복을 누릴 것이다(잠 3:17 ; 벧전 1:8 ; 시 119:103,111,165).

사랑하는 자여, 나는 당신을 지금 이대로 내버려두고 싶지 않다. 당신을 포기하는 것은 상상할 수도 없는 일이다. 내 글을 마무리해야 하는 시간이 점점 다가오고 있지만, 그 시간이 오기 전에 나는 당신과 그

리스도 사이에 언약이 세워지는 것을 보고 싶다. 당신에게 아무 변화가 일어나지 않았는데 그냥 이 책을 마무리할 수는 없다. 아직도 당신의 모든 죄를 버리고 그리스도와 언약을 맺겠다는 결심에 이르지 못했다고 말하는가?

아, 슬프다! 내가 무슨 말을 어떻게 해야 할까? 내가 이렇게 끈질기게 간청해도 끝내 나를 실망시키려는가? 내가 이제까지 헛되이 달려왔는가? 당신을 설득하기 위해 그토록 많은 논리를 제시하고 그토록 많은 시간을 투자했건만 결국 내가 실망감에 사로잡혀 주저앉아 있어야 하겠는가? 사실, 당신이 내 말을 듣지 않는 것은 작은 문제이다. 정말 큰 문제는 당신의 완고함이 당신을 만드신 하나님을 진노하게 만들고, 예수님의 긍휼과 간청을 짓밟고, 성령님을 거역한다는 것이다.

내가 오랫동안 당신에게 호소했지만 당신은 거절했다. 그렇지만 나는 "모든 것이 끝났다"라는 슬픈 결론을 내리기 전에 한 번 더 목소리를 나팔처럼 높여 도시의 가장 높은 곳에서 외치고 싶다. 무관심한 죄인들을 향해 "가능하다면 나는 당신을 일깨울 것이오!"라고 다시 소리치고 싶다.

땅이여, 땅이여, 땅이여, 여호와의 말을 들을지니라 렘 22:29

당신이 죽기로 결심한 것이 아니라면, 마지막 긍휼의 부르심에 귀를 기울여라. 보라, 하나님의 이름으로 당신에게 공개적으로 이렇게 선언한다.

아들들아 이제 내게 들으라… 훈계를 들어서 지혜를 얻으라 그
것을 버리지 말라 잠 8:32,33

너희 목마른 자들아 물로 나아오라 돈 없는 자도 오라 너희는
와서 사 먹되 돈 없이 값없이 와서 포도주와 젖을 사라 너희가
어찌하여 양식 아닌 것을 위하여 은을 달아주며 배부르게 못할
것을 위하여 수고하느냐 나를 청종하라 그리하면 너희가 좋은
것을 먹을 것이며 너희 마음이 기름진 것으로 즐거움을 얻으리
라 너희는 귀를 기울이고 내게 나아와 들으라 그리하면 너희 영
혼이 살리라 내가 너희에게 영원한 언약을 세우리니 곧 다윗에
게 허락한 확실한 은혜니라 사 55:1-3

마지막 간청

온갖 질병과 고통에 시달리는 모든 자여, 교만이나 분노나 욕망이나 탐욕이라는 악한 영에 사로잡힌 자여! 당신을 고치시는 의사에게 나아오라. 당신의 질병을 가지고 오라. 보라, 사람들의 온갖 질병을 고쳐주신 분이 여기 계신다(마 4:23,24).

고민하는 자여, 그리스도께 나아오라. 그분이 당신의 대장이 되어주실 것이다. 당신을 율법의 속박으로부터 보호해주시며, 공의公義의 손에서 건져주실 것이다. 보라! 그리스도는 당신에게 활짝 열린 성소이며, 잘 알려진 피난처이시다. 피의 보복자가 당신을 잡기 전에, 진노가 당신을 삼켜버리기 전에 죄를 버리고 주께 나아오라.

눈멀고 무지한 죄인이여, 눈에 안약을 넣고 밝히 보라. 변명을 집어치워라. 이대로 가다가는 영원히 멸망하고 말 것이다. 그리스도를 당신의 선지자로 영접하라. 그분이 당신에게 빛을 주실 것이다. 그리스도에게 간절히 지식을 구하고, 말씀을 배우고, 경건한 생활에 힘쓰고, 하나님 앞에서 당신을 낮추라. 그러면 당신이 가야 할 길을 가르쳐주시고, 구원에 이르도록 지혜를 주실 것이다. 그러나 당신이 한 달란트만 받았다는 핑계를 대면서 주님을 따르지 않고 주저앉아 있으면 주님은 당신을 악하고 게으른 종이라고 정죄하실 것이다(마 25:24-26).

불경건한 죄인이여, 돌이켜 생명을 얻어라. 주께 돌아오라. 그러면 주님이 긍휼히 여기실 것이다. 주님의 간청을 받아들여라. 돌아오라! 돌아오라! 불경스러운 욕과 저주의 말을 입에 가득 채웠던 자여! 철저히 돌이켜 그리스도께 나아오기만 하면 그분이 당신의 죄악 된 말과 신성모독을 용서하실 것이다.

오, 더러운 죄인아! 음란한 것을 보지 말며 간음을 가슴에서 제거하라. 그리고 오직 그리스도께서 당신을 사용하시도록 당신을 거룩한 그릇으로 그분께 드려라. 그러면 "너희 죄가 주홍 같을지라도 눈과 같이 희어질 것이요 진홍같이 붉을지라도 양털같이 되리라"(사 1:18)라는 말씀이 이루어질 것이다.

술고래여, 들어라! 언제까지 취해 있겠느냐? 당신의 술을 치워버려라. 이제까지는 더러운 죄 안에서 뒹굴었지만, 이제부터는 그리스도께 헌신하면서 단정하고 의롭고 경건하게 살라. 그리스도의 의義를 받아들이고 다스림에 복종하라. 그러면 이제까지 더러웠지만 그분이 당신을 씻기시리라(계 1:5).

　흐트러진 삶을 사는 자여, 들어라! 당신은 허영심이 강하고 제 고집대로 사는 자들과 어울리기를 좋아했다. 지금까지 세속적인 잡담으로 웃고 떠들며 많은 시간을 낭비했다. 이제 지혜의 부르심을 듣고 돌이켜라. 지혜를 택하고 지혜의 길을 배워라. 그러면 살리라(잠 9:5,6).

　조롱하는 자여, 주님의 말씀을 들어라. 이제까지 당신이 경건과 신앙인들과 그리스도와 그분의 길을 비웃고 조롱했다 할지라도 그리스도는 당신을 자신의 긍휼의 날개 아래로 모으기 위해 지금도 부르고 계신다. 비록 당신이 지극히 사악한 자들의 명단에 올랐을지라도 철저히 회개하기만 하면 죄사함을 받고, 거룩하게 되고, 주 예수님의 이름과 하나님의 영에 의해 의롭다 함을 얻을 것이다(고전 6:10,11).

　형식적으로 믿음을 고백하는 자여, 당신은 미지근하여 형식적인 신앙생활에 안주하고 있구나. 덥지도 않고 차갑지도 않은 상태를 끝내고, 참된 그리스도인이 돼라. 열심을 내고 회개하라. 이제까지는 그리스도께 불쾌한 존재였던 당신이 앞으로는 그분의 기쁨이 될 것이다(계 3:16-20). 이제, 긍휼을 얻을 수 있는 기회가 당신에게 찾아왔다는 것을 인정하라.

> 내가 오늘날 천지天地를 불러서 너희에게 증거를 삼노라 내가 생명과 사망과 복과 저주를 네 앞에 두었은즉 너와 네 자손이 살기 위하여 생명을 택하고 신 30:19

내가 할 수 있는 것은 당신에게 간청하고 경고하는 것뿐이다. 다른 방법은 없다. 만일 내가 다른 방법으로 당신을 행복하게 만들 수 있다면 그렇게 하겠지만, 다른 방법은 없다. 내가 주께 가서 당신의 대답을 전해야 한다. 당신의 대답은 무엇인가? 아브라함의 종이 나홀의 가족에게 한 말을 당신에게 들려주고 싶다.

> 이제 당신들이 인자와 진실로 나의 주인을 대접하려거든 내게 고告하시고 창 24:49

또한 나는 리브가의 복된 반응을 당신에게서 얻고 싶다.

> 리브가를 불러 그에게 이르되 네가 이 사람과 함께 가려느냐 그가 대답하되 가겠나이다 창 24:58

당신이 이런 긍정적인 반응을 보인다면 얼마나 좋겠는가! 당신의 구원을 위해 이토록 애태우는 내가 당신을 비난하는 사람으로 둔갑해서야 되겠는가? 불쌍히 여겨 간청하는 마음이 당신의 완고함과 비참함을 증폭시키는 무서운 분노로 돌변해서야 되겠는가? 당신은 스스로 판단하라. 돌이키라는 간청을 받고도 계속 죄 가운데 머무는 자들이 받을 심판은 두 배나 더 무섭다는 사실을 알라. 당신이 돌이키지 않으면 심판 날에 두로와 시돈이, 소돔과 고모라가 당신보다 견디기 쉬울 것이다(마 11:22-24).

지금 기회를 잡아라!

사랑하는 자여! 멸망을 향해 달려가는 당신의 영혼이 불쌍하다면, 지금 이 자비의 제안을 받아들여라. 당신을 만드신 하나님께 당신을 지배할 권세가 있다고 믿으면 그분의 명령에 순종하여 돌이켜라. 은혜를 멸시하지 않으려면, 긍휼의 문을 스스로 닫아버리지 않으려면, 회개하라. 하늘 문이 열려 있는 동안 기회를 잡아라.

주 예수께서 하늘의 창고를 열어놓고 당신에게 값없이 보물을 가져가라고 말씀하실 때 기회를 잡아라. 성령님과 그분의 일꾼들이 수고스럽게 당신과 승강이한 것을 헛되게 하지 말라. 당신이 끝까지 말을 듣지 않으면 "풀무를 맹렬히 불면 그 불에 납이 살라져서 단련하는 자의 일이 헛되게 되느니라 이와 같이 악한 자가 제하여지지 아니하나니 사람들이 그들을 내어버린 은이라 칭하게 될 것은 나 여호와가 그들을 버렸음이니라"(렘 6:29,30)라는 무서운 심판에 직면할 것이다.

"영혼들의 아버지시여, 제가 연약하여 감당할 수 없는 완고한 이 사람을 맡아주소서. 저는 여기에서 끝내지만 아버지는 그만두지 마소서. 능력의 말씀을 한 번만 전해주시면 그가 돌이킬 것입니다. 열면 닫을 자가 없는 다윗의 열쇠를 가진 아버지시여! 루디아의 마음을 여셨듯이 이 사람의 마음을 열어 영광의 왕이 들어가게 하시고, 이 영혼을 아버지의 포로로 삼으소서. 유혹하는 자가 그를 완고하게 만들어 결정을 미루는 일이 없게 하소서. 그가 죄를 버리고 자기를 부인하고 생명을 받아들일 때까지 이 자리를 떠나지 않고 이 글에서 눈을 떼지 않게 하소서.

오, 주 하나님! 주님의 이름으로 이 일을 시작했고, 이제 주님의 이름으로 이 일을 끝내려고 합니다. 이 일에 투자한 시간이 헛되지 않게 하소서. 이 일을 위해 고민하고 수고한 것이 물거품이 되지 않게 하소서. 주여, 에티오피아의 내시가 말씀을 읽고 있을 때 빌립을 내시의 병거로 보내셨듯이 이 책을 읽는 사람에게 하나님의 영을 보내시고 주의 손을 얹으소서.

주여, 저의 이 수고를 통해 영혼들이 회개했다는 사실이 마지막 날에 드러나게 하시고, 그들이 제 설득을 통해 당신을 알게 되었다고 증거하게 하소서. 비록 제가 이 땅에 사는 동안 확인할 수 없겠지만, 간구하오니 그렇게 되게 하소서. 아멘, 아멘!"

이 책을 읽는 자들도 "아멘!" 할지어다.

너희는 여호와를 만날 만한 때에 찾으라 가까이 계실 때에 그를 부르라
악인은 그 길을, 불의한 자는 그 생각을 버리고 여호와께로 돌아오라
그리하면 그가 긍휼히 여기시리라
우리 하나님께로 나아오라 그가 널리 용서하시리라
이사야서 55장 6,7절

돌이켜 회개하라

초판 1쇄 발행	2008년 6월 30일
초판 19쇄 발행	2023년 2월 13일

지은이	조셉 얼라인
옮긴이	이용복

펴낸이	여진구		
편집	이영주 박소영 최현수 안수경 김도연 김아진 정아혜		
책임디자인	마영애 노지현 조은혜 이하은		
홍보·외서	진효지		
마케팅	김상순 강성민	마케팅지원	최영배 정나영
제작	조영석	경영지원	김혜경 김경희 이지수

303비전성경암송학교 박정숙
이슬비전도학교 / 303비전성경암송학교 / 303비전꿈나무장학회

펴낸곳	규장

주소 06770 서울시 서초구 매헌로 16길 20(양재2동) 규장선교센터
전화 02)578-0003 팩스 02)578-7332
이메일 kyujang0691@gmail.com   홈페이지 www.kyujang.com
페이스북 facebook.com/kyujangbook   인스타그램 instagram.com/kyujang_com
카카오스토리 story.kakao.com/kyujangbook
등록일 1978.8.14. 제1-22

ⓒ 한국어 판권은 규장에 있습니다.
이 출판물은 저작권법에 의해 보호를 받는 저작물이므로 무단 전재와 무단 복제를 할 수 없습니다.

책값 뒤표지에 있습니다.
ISBN 978-89-6097-060-1 03230

규 | 장 | 수 | 칙

1. 기도로 기획하고 기도로 제작한다.
2. 오직 그리스도의 성품을 사모하는 독자가 원하고 필요로 하는 책만을 출판한다.
3. 한 활자 한 문장에 온 정성을 쏟는다.
4. 성실과 정확을 생명으로 삼고 일한다.
5. 긍정적이며 적극적인 신앙과 신행일치에의 안내자의 사명을 다한다.
6. 충고와 조언을 항상 감사로 경청한다.
7. 지상목표는 문서선교에 있다.

하나님을 사랑하는 자 곧 그의 뜻대로 부르심을 입은 자들에게는 모든 것이 合力하여 善을 이루느니라(롬 8:28)

규장은 문서를 통해 복음전파와 신앙교육에 주력하는 국제적 출판사들의 협의체인 복음주의출판협회(E.C.P.A:Evangelical Christian Publishers Association)의 출판정신에 동참하는 회원(Associate Member)입니다.